U0129343

陳福成注

古籍校注叢刊

鬼谷子新註

文史哲出版社印行

國家圖書館出版品預行編目資料

鬼谷子新註 / 陳福成注 -- 初版 -- 臺北市：
文史哲出版社，民 111.12
頁；公分. --（古籍校注叢刊；3）
ISBN 978-986-314-626-1（平裝）

1.CST：鬼谷子 2.CST：注釋

592.09 111021086

古籍校注叢刊 4

鬼谷子新註

注　者：陳　福　成
出版者：文史哲出版社
http:// www.lapen.com.tw
e-mail：lapen@ms74.hinet.net
登記證字號：行政院新聞局版臺業字五三三七號
發行人：彭　正　雄
發行所：文史哲出版社
印刷者：文史哲出版社
臺北市羅斯福路一段七十二巷四號
郵政劃撥帳號：一六一八〇一七五
電話886-2-23511028・傳真886-2-23965656

定價新臺幣三〇〇元

二〇二二年（民一一一）十二月初版

著財權所有・侵權者必究

ISBN 978-986-314-626-1 19214

序：關於鬼谷子與《鬼谷子》

關於鬼谷子，最早的記載是司馬遷的《史記》，在《蘇秦列傳》中說，「蘇秦者，東周洛陽人也。東事師子齊，而習之於鬼谷先生。」

鬼谷子在我們中國歷史上，是一位顯赫而又極神密的人物，道家奉之為「古之真仙」。他是縱橫家的鼻祖，精通政治、外交、兵法、奇門八卦，他因四大弟子（蘇秦、張儀、孫臏、龐涓）叱咤風雲，因此整個戰國時代，幾乎就是鬼谷子在背後下的「一盤大棋」，且「棋局」又深深的影響到後來二千多年的中國政局。

鬼谷子除了四大著名弟子外。據傳，毛遂、徐福、甘茂、司馬錯、樂毅、范雎、蔡澤、鄒忌、酈食其、蒯通、黃石、李牧、尉繚、李斯等都是他的弟子。鬼谷子是奇才、全才，其學問高深莫測，據聞只要深悟一門，便可以縱橫天下了。

在《東周列國誌》（明·余邵魚著），有較多關於鬼谷子和四大弟子事蹟的記載，集中在第八十七回到第九十一回：

第八十七回：說秦君衛鞅變法　辭鬼谷孫臏下山

第八十八回：孫臏佯狂脫禍　龐涓兵敗桂陵

第八十九回：馬陵道萬弩射龐涓　咸陽市五牛分商鞅

第九十回：蘇秦合從相六國　張儀被激往秦邦

第九十一回：學讓國燕噲召兵　偽獻地張儀欺楚

以上鬼谷子事蹟在第八十七回，另四回可算四大弟子運用鬼谷老師學問，出去闖天下交出的成績單，最後導至我們中國歷史上第一次大一統。此種統一的制度和思想，成為往後兩千多年的國家定制，未來也會是！

卻說周之陽城，有一處神秘之谷地，名叫鬼谷，山深樹密，幽不可測，似非人所居，當地人稱之「鬼谷」。谷內最深幽處有一隱者，自號「鬼谷子」，姓王名栩，晉平公時人，在雲夢山與宋人墨翟，一同採藥修道。那墨翟不畜妻子，發願雲遊天下，專一濟人利物，拔人之苦厄，救人之危難。

惟王栩潛居鬼谷，人稱「鬼谷先生」。其人通天徹地，精通諸家學問，一是數學，宇宙星象，在其掌中，占往察來，言無不驗；二是兵學，六韜三略，行軍佈陣，神鬼莫測；三是遊說之學，舉凡人事、政治，明理審勢，出詞吐辯，萬口莫當；四是出世學，修真養性，服食導引，卻病延年，冲舉可俟。

用現代語言說，鬼谷子上至天文，下至地理，國防、軍事、兵學、政治、外交、國際關係，乃至神學、哲學等，無所不通，無所不精。他住鬼谷，不計年數，慕學其數的弟子不知多少，先生來者不拒，去者不追。

按《東周列國誌》第八十七回，最後說「鬼谷子亦浮海為蓬島之遊，或云已仙去矣。」筆者高度存疑，這個「蓬島」正是今之中國邊陲之台灣省，因為有些文獻稱台灣古名正是「蓬萊仙島」。

鬼谷子傳世之著作有《鬼谷子》和《本經陰符》七篇，均收在本書。《鬼谷子》世傳有十四篇，其第十三、十四篇已失傳，餘十二篇為本書十二章，分別是：捭闔、反應、內揵、抵巇、飛箝、忤合、揣情、摩意、權術、謀術、決術、符言。《本經陰符》七篇收入本書第十三章。《鬼谷子》一書從內容看，在中國諸子百家中極俱特色，歷來被稱為「智慧禁果、曠世奇書」，乃至「中國第一詐書」

或「第一謀書」。無論如何指稱，都難以包容該書之全部意涵，它是亂世之學說，亂世之哲學，亂世政治鬥爭之無尚大法，講求實用主義，以進取爭勝之寶典。

《鬼谷子》已流傳數千年，在歷史上有正負等不同評價。但不可否認的，作為一部「謀略學全書」，一直為歷代之軍事家、政治家、外交家等，及所有企圖爭天下的人，列為「必讀寶典」和「必修功課」；乃至進入現代社會後，該書之思想精華仍廣泛運用在政、經、軍、心，甚至人際公關、國際外交、大國爭勝等領域人士所必讀之智慧寶典。本書深入註解，力求將我中華文化珍貴之寶典，再承續發揚，古為今用。順帶一說，本書作者已出版之著編譯作品，均放棄版權，贈為中華民族之文化公共財，在中國（含台灣）地區內，任何出版單位均可印行，嘉惠歷代炎黃子孫。是吾至願。

中國台北蟾蜍山　萬盛草堂主人**陳福成**誌於

佛歷二五六五年　公元二〇二一年冬

鬼谷子新註

目 次

第一章 捭闔

【原典一】

粵若稽古（註一）聖人之在天地間也，為眾生之先（註二），觀陰陽（註三）之開闔以命物（註四），知存亡之門戶，籌策（註五）萬類之終始，達人心之理，見變化之眹（註六）焉，而守司其門戶（註七）。故聖人之在天下也，自古至今，其道一也（註八）。變化無窮，各有所歸。或陰或陽，或柔或剛，或開或閉，或弛或張。

註釋

註一　粵若稽古：粵，是虛詞、助詞。若，如果、假設。稽，是觀察、考察。粵若稽古，意說，按古今歷史所呈現的普遍性法則來考察。

註二　眾生之先：先，先知、先驅、導師。意說，聖人之所以出現在這世上，就是要成為眾生的導師。

註三　陰陽：此處指人世間萬事萬物，對立的兩個面向，如好壞、強弱、剛柔、開閉、進退等。

註四　命物：辨別事物。引伸：對一切人事物的「命名」或分類，似今之「話語權」或「命名權」。

註五　籌策：謀劃、規劃。

註六　朕：此處當現象、跡象、徵候解。

註七　守司其門戶：把握事物發展變化的關鍵。

註八　其道一也：是說聖人（先知）存在這個世上，其作用自古今以來，都始終如一。

捭，是分開、公開、敞開，採取一種積極的行動。闔，是關閉、封閉、採取一種秘密的行動。捭闔，此處指縱橫馳騁，大開大闔之大作為，這是鬼谷子思想的基本原理。是故，捭闔之術，即天地之道，亦是陰陽之道。

所謂「或陰或陽，或柔或剛，或開或閉，或弛或張」。是說處理一切人事物，大至國際關係，小至人際交流，都不外陰陽、柔剛、開閉、鬆緊等之靈活運用，便能輕鬆自如、有所成就。

想想，人生所碰到的一切人事，一切困局，處理的方法（手段），不外乎硬一點或軟一點，開一點閉一點，陰一點陽一點。或大開大閉、大進大出等，不外如此，放大到現在國際正夯的美國拜登、俄國普丁和我們大中國之習近平，正在操盤之「大國外交」，亦不外如鬼谷子所述，鬼谷真先知也。

【原典二】

是故聖人一守司其門戶，審察其所先後，度權量能（註一），校其技巧短長。夫賢、不肖、智、愚、勇、怯有差。乃可捭，乃可闔；乃可進，乃可退；乃可賤，乃可貴（註二）；無為以牧之（註三）。審定有無，以其實虛，隨其嗜欲（註四）以見其志意，微排其所言，而捭反之，以求其實，貴得其指（註五），闔而捭之（註六），以求其利（註七）。或開而示之，或闔而閉之。開而示之者，同其情也；闔而閉之者，異其誠也。可與不可，審明其計謀，以原其同異。離合（註八）有守（註九），先從其志（註十）。

註釋

註一　度權量能：權衡輕重緩急。

註二　乃可捭，乃可闔……乃可賤，乃可貴：指面對賢愚勇怯不肖等人，可捭可闔，可貴之，可賤之，要靠無為來觀察，才能掌握並利用這些「資源」。

註三　以牧：掌握、利用。

註四　嗜欲：習慣、愛好。

註五　指：古同旨，宗旨。

註六　闔而捭之：先閉後開；先緊後鬆；先退後進。乃指處理一切人事物，緊鬆之間的策略。

註七　求其利：意說，策略上謀求有利之途徑。

註八　離合：脫離和閉合之相對。

註九　守：信守、遵守。

註十　先從其志：意說，在人物的觀察運用上，先要順著對方「嗜欲」，才能摸清對方思想意志，進而掌握利用。

這種對人的「度權量能」，進而加以利用，自古以來的大兵法家，如姜太公、孫子、尉繚子等，在他們的兵書上都提到過，成大事者，必須要運用各種人。靠自己一人獨來獨往，死幹活幹，不可能成就大事業。

但人非完美，人有智、愚、勇、怯、不肖等，每一種人都有可利用的「資源」。所以鬼谷子曰：「乃可捭，乃可闔；乃可進，乃可退；乃可賤，乃可貴；無為以牧之。」則，天下無不可運用之人，使智、使愚、使貪……便可成就事功。

【原典三】

即欲捭之貴周，即欲闔之貴密（註一）。周密之貴微，而與道相追（註二）。捭之者，料其情也（註三）；闔之者，結其情也（註四）。皆見其權

衡輕重，乃為之度數（註五），聖人因而為之慮。其不中權衡度數，聖人因而自為之慮（註六）。故捭者，或捭而出之，或捭而納之（註七）。闔者，或闔而取之，或闔而去之。捭闔者，天地之道。捭闔者，以變動陰陽，四時開閉以化萬物（註八）。縱橫（註九）反出，反覆反忤（註十），必由此（註十一）矣。

註釋

註一　即欲捭之貴周，即欲闔之貴密：如果要開啟，或積極公開進行某種活動，貴在考量和計畫都要周詳；如果要封鎖，或低調秘密進行某種活動，貴在過程和作為都要嚴格保密。

註二　與道相追：與某種基本道理相近。

註三　料其情：考察其真相。

註四　結其誠：使其誠心堅定。

註五　為之度數：探出對方的「底」，即探測出對方在各方面的程度。

註六　聖人因而自為之慮：意說，如果不能探測出對方的底細程度，聖人會引為自責。

註七　或捭而出之，或捭而納之：意說，或採取開放策略，使自己走出去；或開放，使別人走進來。

註八　四時開閉以化萬物：有如春夏秋冬之開始和結束的循環，促使萬物不斷發展形成。

註九　縱橫：自由自在的進行，或指掌握事物的主動權，因而得以自由縱橫。

註十　反覆反忤：或脫離，或返回，或復歸，或反抗。

註十一　必由此：必須通過這種途徑。

鬼谷子再強調，捭闔之術即天地之道，亦陰陽之道，這表示捭闔之術是一種「正道」，且是很自然的正道。想要使所面對的人事物，按施術者的意志方向發展，就必須下工夫，施展捭闔之術。

捭就是「開」，公開大進大出，此是「陽」道；闔就是「閉」，秘密在暗中進行以達成真正目的，此是「陰」道。開閉相交，陰陽交互，或緊或鬆，或硬或軟，或強或弱，這是策略，也是必要手段。

【原典四】

捭闔者，道之化，說之變也（註一）；必豫審其變化，吉凶大命繫焉（註二）。口者，心之門戶也，心者，神之主也。志意、喜欲、思慮、智謀，此皆由門戶出入，故關之（以）捭闔，制之以出入。捭之者，開也，言也，陽也；闔之者，閉也，默也，陰也（註三）。陰陽其和，終始其義（註四）。故言長生、安樂、富貴、尊榮、顯名、愛好、財利、得意、喜欲為「陽」，曰「始」。故言死亡、憂患、貧賤、苦辱、棄損、亡利、失意、有害、刑戮、誅罰為「陰」，曰「終」。諸言（註五）法陽之類者，皆曰「始」，言善以始其事；諸言法陰之類者，皆曰「終」，言惡以終其謀。

註釋

註一　捭闔者，道之化，說之變也：意說，捭和闔之運用，是萬事萬物基本原理的展現，而遊說活動只是成就過程中的變化形態。

註二 吉凶大命繫焉：意說，萬事萬物的變化，不光是關係到人民的生命財產，國家民族的興亡，也都和諸種變相連結，所以要慎重考察這些變化。

註三 默也，陰也：意說，緘默、隱匿，不表達意見，也是一種「閉」、「闔」的策略。

註四 終始其義：始終如一、善始善終。

註五 諸言：各種言論。

鬼谷把安樂、富貴等屬性，定位於「陽」類事物，稱為「開始」；而憂患、貧賤等屬性，定位於「陰」類事物，稱為「終止」。

如是，凡是走「陽道」一派，可叫「新生派」，他們以「善」為遊說策略；而走「陰道」一派，可叫「沒落派」，他們以「惡」為遊說策略。這好像自古以來，人類社會的正↓反↓合之辯證發展，永恒的鬥爭模式，真是「與人鬥樂無窮！與天鬥無窮樂！」（毛澤東語）。

【原典五】

捭闔之道，以陰陽試之（註一），故與陽言者依崇高，以陰言者依卑小（註二）。以下求小，以高求大（註三）。由此言之，無所不出，無所不入，無所不可。可以說人，可以說家，可以說國，可以說天下。為小無內，為大無外（註四）。益損、去就、倍反（註五），皆以陰陽御其事。陽動而行，陰止而藏；陽動而出，陰隨而入。陽還終始，陰極反陽（註六）。以陽動者，德相生也；以陰靜者，形相成也。以陽求陰，苞以德也；以陰結陽，施以力也；陰陽相求，由捭闔也。此天地陰陽之道，而說人之法也，為萬事之先，是謂「圓方之門戶」（註七）。

註釋

註一　捭闔之道，以陰陽試之：意說，用捭或闔的策略操作，都要由陰陽之道來檢驗和試行。

註二　故與陽言者依崇高，與陰言者依卑小：從陽的方面去遊說人，要給人指明崇高的理想；若從陰的方面去遊說人，則要向人指出卑小的目標。

註三　以下求小，以高求大：從卑下求微小，以崇高求博大。

註四　為小無內，為大無外：做小事沒有「內」的界限（沒有最小、只有更小）；做大事沒有「外」的疆界（沒有最大、只有更大）。

註五　倍反：背叛、復歸。

註六　陽還終始，陰極反陽：意說，陽陰是相生相成的，二者之間可以相互轉化。

註七　圓方之門戶：意說，如矛與盾、捭與闔，陰和陽也是，正反兩面相互制約，相互轉化之關鍵，才能達到統一（合）的局面。

陰陽相生相成，是捭闔過程中重要的概念。用陽求陰，須要道德包容；用陰求陽，須要助力。但陰陽的表現形態是不同的，陽的特色是動，形態是行；陰的特色是止，形態是藏。

是故，「陽動而行，陰止而藏；陽動而出，陰隨而入；陽還終始，陰極反陽。」明白了這個道理，則從陰從陽都可成事，人生戰場的主動權，便可自己掌握。

第二章 反應

【原典一】

古之大化者（註一），乃與無形俱生（註二）。反以觀往，復以驗來（註三）；反以知古，復以知今；反以知彼，復以知己。動靜（註四）虛實（註五）之理，不合來今（註六），反古而求之。事有反而得復（註七）者，聖人之意也，不可不察（註八）。

註釋

註一　古之大化者：古代能以「大道」教化眾生的聖人。

註二　乃與無形俱生：意說，聖人的一切作為，都與自然發展之規律和變化，是完全相吻合的。

註三　驗來：檢驗未來。
註四　動靜：世間兩個相對的概念。
註五　虛實：意指，洞察真偽，見人世宇宙之真相。
註六　來今：現在與未來。
註七　反而復得：觀察過去的歷史發展，便知現在的狀況，進而可以擬訂未來的對策。
註八　不可不察：意指，對聖人的見解，我們要認真去體察、研究。

「反應」乃指，包含自己對外界「刺激」（收到訊息）的反應，還有「外界」（對像）的反應。乃投石問路之道，看對方的反應如何！以便「摸」到對方的「底」，進而可以採取制勝對方的策略。

「事有反而得復者」，在強調「反覆」探索的方法，想要獲得任何成就，都要從古今反覆不斷驗證。「反以觀往，復以驗來；反以知古，復以知今；反以知彼，復以知己」。如此反覆探索，必將動靜虛實，摸得清清楚楚，了知一切真相，掌握了主動權。

【原典二】

人言者，動也（註一）；己默者，靜也。因其言，聽其辭（註二）。言有不合者（註三），反而求之，其應（註四）必出。言有象，事有比。其有象比（註五），以觀其次（註六）。象者象其事，比者比其辭也（註七）。以無形求有聲，其釣語（註八）合事，得人實也。其張罝網（註九）而取獸也。常持其網驅之，其言無比（註十），乃為之變（註十一），以象動之，以報其心，見其情，隨而牧之（註十二）。己反往，彼復來，言有象比，因而定基。重之襲之，反之復之，萬事不失其辭，聖人所誘愚智，事皆不疑。

註釋

註一　人言者，動也：人家說話，是活動。

註二　辭：言詞。

註三　不合：不合理。

註四　反而求之，其應必出：反覆詰難，其應有的本意，必能出現。

註五　象比：象，是形象、原形；比，是比較。意說，按照形象進行比較。

註六　觀其次：預測其下一步言行。

註七　象者象其事，比者比其辭也：所謂象，是模仿事物；所謂比，是類比言辭。

註八　釣語：如釣魚投餌一般，用言語誘導對方，以便引出話頭，或「摸清」對方底細。

註九　罝網：罝，音居，捕獸網。

註十　其言無比：言詞無可比較。

註十一　乃為之變：於是因此改變方向。

註十二　牧之：進行調查以探明真相。

遊說、說服、論辯工作，邏輯都要很清楚，因果關係不斷進行推論。向對手「反之復之」，一再進行襲擊，必能探到對方的底細，鬼谷子提出「釣」的技巧。

「釣語合事，得人實也。其猶張網而取獸也，多張其會而司之。道合其事，彼自出之，此釣人之網也。」此即是說，欲摸到對方的「底牌」，就像投餌釣魚、張網捕獸一樣，投之以利才能誘捕；得到對方底細的道理也同，運用手段投其所好，才能達到目的。

【原典三】

古善反聽（註一）者，乃變鬼神（註二）以得其情。其變當也，而牧之審也。牧之不審，得情不明；得情不明，定基不審。變象比，必有反辭，以還聽之。欲聞其聲反默，欲張反斂（註三），欲高反下，欲取反與。欲開情（註四）者，象而比之，以牧其辭（註五），同聲相呼，實理同歸。或因此，或因彼（註六），或以事上，或以牧下（註七）。此聽真偽，知同異，得其情詐（註八）也。動作言默，與此出入，喜怒由此以見其式（註九），皆以先定為之法則。以反求復，觀其所託（註十），故用此者，己欲平靜，以聽其辭，察其事，論萬物，別雄雌。雖非其事，見微知類（註十一）。若探人而居其內，量其能射其意也。符應不失，如蛇之所指，若羿之引矢。（註十二）

註釋

註一　反聽：從反面聽別人的言論。

註二　變鬼神：鬼神，此當隱密不測用。

註三　斂：收斂。

註四　開情：意說，敞開心靈的大門。

註五　象而比之，以牧其辭：用象比的方法，以獲得對方真正的想法。

註六　或因此，或因彼：或是這個原因，或是那個原因。

註七　或以事上，或以牧下：意說，或用來侍奉君主，或用來觀察民情。

註八　情詐：真情與虛假。

註九　式：定式、模式。

註十　觀其所託：觀察其所寄託之處。

註十一　見微知類：從微細處看到重大事物。

註十二　符應不失，如蛇之所指，若羿之引矢：像驗合符契一樣可靠，如蛇反應之快，如后羿張弓射箭一樣準確，萬無一失。

「欲張反斂，欲高反下，欲取反與」。在兵法、謀略上，這算很基本的操作。看似簡單，卻也是一門遊說、鬥爭藝術。如孫武在他的兵法上說，「能而示之不能、進而示之退……」

道理都簡單，你想從對方得到什麼，你必須先給他什麼，人世間都是這個道理。只是，智者、高人，給予別人和從別人那裡所得到的，其價值不可「等價而語」，這便是智者之謀、高人之手段。

所謂「欲高反下」等，也在強調反應之術要善於變化，特別是善於從反面切入，此即現代人所述之「反向思考」或逆向思考是也。

【原典四】

故知之始己，自知而後知人（註一）也。其相知也，若比目之魚（註二）。其伺言也，若聲與之響（註三）；其見形也，若光之與影。其察言也，不失若磁石之取針，舌之取燔骨（註四）。其與人也微，其見情也疾（註五）。如陰與陽，如陽與陰；如圓與方，如方與圓。未見形圓以道之，既見形方以事之（註六）。進退左右，以是司之。己不先定，牧人不正（註七），事用不巧，是謂「忘情失道」；己審先定以牧人，策而無形容（註八），莫見其門，是謂「天神」。（註九）

註釋

註一 知之始己，自知而後知人：想要了解他人，必須從了解自己開始；要先了解自己，才能進而了解別人。

註二 比目之魚：只有一個眼睛的魚，往往兩魚合作並游。這可能只是比喻，世上沒有一個眼睛的魚。或形容，對別人的了解，如兩條比目之魚，沒有距離。

註三 響：回聲。

註四 燔骨：燒烤骨頭上所帶的肉。

註五 其與人也微，其見情也疾：自己曝露給對方（外界）的微乎其微，而捕獲對方言行則十分迅速。鬼谷子之意，正如其人，神龍見首不見尾，其與人也微，但天下人事，他無所不知。

註六　未見形圓以道之，既見形方以事之：在狀況不明之前，要以圓略來誘惑對方；狀況明朗後，就用方略來戰勝對方。

註七　牧人不正：牧，管理、統馭。意說，難以完善管理或統治。

註八　形容：形像、容貌。

註九　莫見其門，是謂「天神」：意說，策略不曝露意圖，別人也看不出你的門道，這就是天神了。

這一小節有兩個重點：㈠「知之始己，自知而後知人。」這是千古以來，看似簡單卻「極難」之事。世人都只想知人（外界之事），但很少真正去先了解自己，這只要用心觀察，就看到許多眾生不知道「我是誰？」如是者，一輩子都在迷失！

其㈡鬼谷子期許有為者，當一個「天神」。怎樣才是天神？「其與人也微，其見情也疾」、「策而無形容，莫見其門」，能之者，你是天神，你就是「現代鬼谷子」。

所謂人貴知己，要有自知之明，識人雖重要，識己則是先決要件。所以人要先了解自己，是人生在世之首要功課，也是世界最難的一件事。故有智者之言，「人生最大的敵人是自己」，讀者共勉之！

第三章 內 揵

【原典一】

君臣上下之事，有遠而親（註一），近而疏（註二），就之不用，去之反求（註三）。日進前而不御，遙聞聲而相思（註四）。事皆有內揵（註五），素結本始（註六）。或結以道德，或結以黨友，或結以財貨，或結以采色（註七）。用其意（註八），欲入則入，欲出則出，欲親則親，欲疏則疏，欲就則就，欲去則去，欲求則求，欲思則思。若蚑蝺母（註九）之從其子也，出無間，入無朕（註十），獨往獨來，莫之能止。內者進說辭，揵者，揵所謀（註十一）也。欲說者，務隱度（註十二）；計事者，務循順（註十三）。陰慮可否，明言得失，以御（註十四）其志。

註釋

註一　遠而親：看似疏遠，其實很親密。

註二　近而疏：看似親密，其實很疏遠。

註三　就之不用，去之反求：在身邊卻未被任用，離去後反得到聘請。

註四　日進前而不御，遙聞聲而相思：有的天天在君主面前進出，卻不被信任；有的在距離君主很遠的地方，但君主聽到一點訊息就思念他。

註五　事皆有內揵：意說，世間一切事情的發生和處理，必有人的心理因素，如情緒、感情。引申，凡事都有建議和採納的兩方面。

註六　素結本始：素，指平常的事；本始，本源、基本原理。意思是，把平常和本源相聯結。

註七　結以采色：以文會友之意。

註八　用其意：推行某種意見（主張）。

註九　蜘母：母蜘蛛。牠每當出入巢穴時，都要把穴口加蓋，以防外敵入侵。

註十　出無間，入無朕：指母蜘蛛，出去時洞口沒有痕跡，進去時洞口不留標記。形容獨來獨往，進出隱密，且自由自在。

註十一 揵所謀：進獻計策。
註十二 隱度：暗中揣測、估計。
註十三 循順：順沿著一定的法則規律。
註十四 御：把握。

內揵，探討如何運用策略以取信人主（長官），即進取升官以實現自己志向之道；相同的策略，也可以運用關係去接近所要對象，以達成所要目的。內揵，內是內心、內情，揵的本意是門閂。鬼谷子的用意在引伸，臣與君（部下與長官），要建立心靈交流的上乘關係，達到情投意合的境界，才是最完美的關係。

按筆者親身的檢驗實證，部下和長官的關係進展可分四個階段的「操作」：㈠部下有機會到長官的辦公室請安、問候，這是很初級的；㈡有機會到長官家裡送禮、小坐，僅此而已，算有進步；㈢常有機會到長官家裡，喝茶聊天，長官也託你辦一些他的私事，這是大進步，佔缺有望；㈣和長官的家人（夫人、孩子等）打成一片，儼然是一家人，這就是進升的保證。

鬼谷子指出經營「完善關係」的方法，「事皆有內揵，素結本始。或結以道德，或結以黨友，或結以財貨，或結以采色」。獨夫難成大事，所以要聯結別人的力量，收為己用，方可成事。

懂得「內揵」之道的運用，則主動權緊握在手，「用其意，欲入則入，欲出則出，欲親則親，欲疏則疏，欲就則就，欲去則去……」這是主動權的上乘了。

【原典二】

方（註一）來應時（註二），以合其謀（註三）。詳思來揵（註四），往應適當也。夫內有不合者（註五），不可施行也。乃揣切（註六）時宜，從便所為，以求其變。以變求內者，若管取揵。（註七）

註釋

註一　方：方法、策略、道術。

註二　應時：合乎時宜。

註三　以合其謀：意說，要在適當的時機進言，才能和君主（長官）心中所想的謀劃相合。

註四　詳思來揵：詳細思索後再進言。

註五　內有不合：內情不合時宜。

註六　揣切：揣量、切摩。

註七　以變求內者，若管取揵：在方法上以善於變化，有利於爭取被採納，就像以門管接納門閂一樣順當。

古有名言，「伴君如伴虎」，其實古今中外皆如此，可謂「放之四海皆準」。就是到了二十一世紀的現代，任何當部下的，讓他的主子（總統、長官）不開心，下場同樣不好，不論中國官場、美國官場或任何官場，都是不好混的，都要很用心、小心！

想要混的好，進退主動權都掌握在自己，這是一種「甚深微妙法」，是一種「無上法門」，可以說是天大的學問和地厚的藝術。但若如鬼谷子所述，「方來應時，以合其謀……」，則如「若管取揵」那樣容易，且順理成章達到目的。

民間的職場和公部門的官場，二者也極為相似，這是人性的共通性，發生了「逆鱗」行為，通常下場也不好，不是滾蛋就是原地踏步好幾年，斷了進升之路。所以鬼谷子說：「夫內有不合者，不可施行也。乃揣切時宜，從便所為，以求其變。」世間人事都有背後的深層原理，用心「揣切」，可以把握必勝必成的門道。

【原典三】

言往來，先順辭也（註一）。善變者，審知地勢，乃通於天，以化四時使鬼神合於陰陽而牧人民，見其謀事，知其志意（註二）。事有不合者，有所未知也（註三）。合而不結者，陽親而陰疏（註四）。事有不合者，聖人不為謀也。故遠而親者，有陰德（註五）也；近而疏者，志不合也；就而不用者，策不得也（註六）；去而反求者，事中來也（註七）；日進前而不御者，施不合也；遙聞聲而相思者，合於謀待決事（註八）也。故曰：「不見其類（註九）而為之者見逆（註十），不得其情而說之者見非（註十一）。得其情，乃制其術（註十二）。此用可出可入，可揵可開。（註十三）」

註釋

註一 言往來，先順辭也：凡是給人論說過去的歷史，或遊說未來願景，先要有合於邏輯的通順合理的言辭，讓對方易於理解，便於接受。

註二 見其謀事，知其志意：意指，要了解君主（長官）在謀劃什麼事業，要清楚明白君主（長官）心中真正的企圖是什麼！

註三 事有不合者，有所未知也：你所辦的事情，凡有不合君主（長官）之意，那一定是你對君主（長官）的企圖，還存有不知道的地方。

註四 合而不結者，陽親而陰疏：你所辦的事或意見，與君主（長官）也都一致了；但君主（長官）卻沒有積極配合支持你，這表示你們的關係，只是表面的親近而已，實際上還很疏離。

註五 陰德：心意暗合。

註六 就而不用者，策不得也：就職而不受重用，是因為他的主張或計策，被認為沒有實際效果。

註七　去而反求者，事中來也：能夠在離職後，又被返聘回來的人，是因為他的主張或計策，被認為可以實踐施行，正是當局所要用。

註八　決事：參與決斷大事。

註九　類：同類、共同點。

註十　見逆：違逆。

註十一　見非：遭到非議。

註十二　術：方法、策略。

註十三　此用可出可入，可揵可開：意說，可進可退，也可放棄自己的主張，隨機應變。

摸清楚君主（長官）的內心世界，他想什麼！他要做什麼？這實在是古今中外所有的官場和職場，身為部下的人，永恒要做的功課，永遠也難以「畢業」課目、學分，為何？

問題都出在「關係」二字。你和君主（長官、上司）的關係狀況如何？「事有不合者，有所未知也。合而不結者，陽親而陰疏……近而疏者，志不合也；就而不用者，策不得也……」。總之，你和上司的關係，沒有達到心靈交流的境界，沒有達到親如「一家人」的上乘關係，須要「得其情，乃制其術。此用可出可入，可揵可開。」則，境界乃出！

就算不在官場或職場，吾人面對一切人事處理，也要摸到真實狀況。你想說服別人，或宣揚你的想法，都要把對象的言行、性情、素質弄清楚，了解其愛好所欲，才能建立好關係，進而說服他、運用他，達成你想要的目的。這便是鬼谷子所說的「得其情、制其術……可揵可開」，不可不察！不可不學！

【原典四】

故聖人立事（註一），以此先知而揵萬物（註二）。由夫道德、仁義、禮樂、計謀，先取《詩》、《書》，混說損益（註三），議論去就。欲合者，用內，欲去者，用外（註四）。外內者必明道數（註五），揣策來事（註六），見疑決之，策無失計，立功建德。治民入產業，曰「揵而內合」（註七）。上暗不治（註八），下亂不悟（註九），揵而反之（註十）。

內自得（註十一），而外不留說（註十二），而飛（註十三）之。若命自來己，迎而禦之（註十四）；若欲去之，因危與之，環轉因化，莫知所為（註十五），退（註十六）為大儀（註十七）。

註釋

註一　立事：立身處世與建立事業。
註二　揵萬物：判斷、議論萬事萬物。
註三　先取《詩》、《書》，混說損益：引用《詩經》、《書經》所述，來驗證自己學說的利弊得失。
註四　欲合者，用內；欲去者，用外：想要在現職與人合作，要把精力資源用在內部；想要離開現職，就要把精力資源用在外面。
註五　外內者必明道數：決定內外大事時，必須明白基本道理的依據和所用方法。
註六　揣策來事：推理預測未來之事。
註七　揵而內合：鞏固內部團結。

註八 上暗不治：上層昏庸，不理政務。
註九 下亂不悟：下面人民造反，上層還不明原因。
註十 揵而反之：各執己見，事事牴觸。
註十一 自得：自鳴得意。
註十二 不留說：不接受他人意見。
註十三 飛：表揚。
註十四 若命自來己，迎而禦之：如果上級詔命自己，也要迎接，再設法拒絕。
註十五 環轉因化，莫知所為：意說，要拒絕上級（某方）的詔聘，要設法給人一種錯覺，像圓環旋轉往復一樣，使人看不出你真正的動機。
註十六 退：保全、完成、引退。
註十七 大儀：好辦法、大原則。

這一小節的重點，主要講和君主（上司）打交道要很小心，要很謹慎，步步為營，更要有先見之明。且要針對不同對象採用不同策略，如「揵而內合」、「揵而反之」、「飛之」、「迎而禦之」、「因危與之」等等。有先見之明，才能避凶趨吉、趨利避害。

不論官場或職場，想要「離職」都是一門學問。「若欲去之，因危與之。環轉因化，莫知所為，退為大儀。」離開不是落荒而逃，而是讓人看不出動機，「莫知所為」，這是退卻的基本法則。

第四章　抵　巇

【原典一】

物有自然（註一），事有合離（註二）。有近而不可見（註三），遠而可知（註四）。近而不可見者，不察其辭也；遠而可知者，反往（註五）以驗來（註六）也。巇者，罅也。罅（註七），澗也，澗者，成大隙也。巇始有朕，可抵而塞（註八），可抵而卻，可抵而息，可抵而匿，可抵而得也（註九）。此謂抵巇之理也。

註釋

註一　物有自然：自然界存在的萬物，都有一定的道理規律，這是一種基本原理。

註二　事有合離：世上一切人事，都有對立的兩面，如有合必有離，有利必有弊，有正必有反。

註三　近而不可見：距離相近，卻互相不了解。

註四　遠而可知：互相距離很遠，卻彼此熟悉。

註五　往：過去的。

註六　來：未來的。

註七　罅：音夏，裂痕、間隙。

註八　可抵而塞：運用「抵」使其閉塞；補好裂痕也。

註九　可抵而卻，可抵而息，可抵而匿，可抵而得：抵，是抵塞、彌補之意。意說，利用抵把容器的裂痕補好，使其不再漏，或使裂縫變小，或使裂縫消失，或補好了又得到一個完整的容器。這就是「抵巇」的基本原理。

抵巇，從彌補容器的裂縫，堵塞漏洞，恢復完好，有如再得到一個完好的容器。由此引伸，如何察覺細微的裂隙、破綻或預兆，以便利用（如見縫插針），抵而得之，以獲取最大利益。

有人的地方必有矛盾，必有裂縫，必有離合，乃至書之不盡的恩怨情仇和利害糾紛。可以這麼說，凡是活在世間的人，人人都有問題，今天沒問題，不保證明天沒問題，任何發生一點錯，都可能成為大問題。也可以這麼說，只有死人不再有問題，因為所有的問題都是活人的事。

然而，問題就是一種機會，正是常言道：「危機也是轉機」。人際之間的矛盾無處不在，國家、社會、團體、人際、上級、下級……都難免會有裂縫，產生矛盾，要如何觀察與利用？

鬼谷子在這一小節，提示到從政者要善於觀察矛盾的徵兆，採取不同的對應態度：「巇始有朕，可抵而塞，可抵而卻，可抵而息，可抵而匿，可抵而得。」這是五種處理問題的方法（態度）。

當你碰到問題時，「抵而塞」法使問題不再發生，「抵而卻」使正在發生的問題不持續發生，「抵而息」法使大問題化小問題，「抵而匿」法使問題化為無形，「抵而得」法使問題發生過程中成為最大獲利者。

當然「抵巇」之法，不一定只有五種。有時候在人際、國際之間的鬥爭，看到「問題」的徵兆，是要擴大矛盾、加深裂縫，化小事為大事，使問題更加惡化，不可收拾。眼前實例就是二〇二二年的俄烏戰爭，這是美國一手策動，歐洲配合，擴大俄烏矛盾，利用俄烏戰爭，削弱俄國，美國可獲最大之利。

【原典二】

事之危（註一）也，聖人知之，獨保其用（註二）。因化（註三）說事，通達計謀，以識細微，經起秋毫之末（註四），揮之於太山（註五）之本（註六）。其施外，兆萌芽蘖（註七）之謀，皆由抵巇（註八）。抵巇之隙，為道術用。（註九）

註釋

註一　事之危：事情開始出現問題（危機）徵候的時候。

註二　聖人知之，獨保其用：意說，事情出現危機徵候的時候，只有聖人單獨會知道，將會產生怎樣的功用（作用）。此處的聖人，可包含智者。

註三　因化：順應變化。

註四　秋毫之末：動物在秋天生出的細毛。

註五　太山：即泰山。

註六　經起秋毫之末，揮之於太山之本：萬事萬物的危機於初發時，都如秋毫之末一樣微小，但漸漸的發展惡化，成了和泰山那樣大的問題，也就無法收拾了。

註七　兆萌芽蘖：兆萌，是很細微的徵候。芽蘖，是伐木後從根部長出的新芽。

註八　其施外，兆萌芽蘖之謀，皆由抵巇：意說，有聖人推行政務的時候，奸邪小人的詭計都會被排斥，用「抵巇」之法消滅之。

註九　抵巇之隙，為道術用：抵巇是一種好方法。

鬼谷子指出「防微杜漸」之道，在「以識細微」，觀察秋毫之末。就是不談聖人之經國大業，在個別的人生旅程都難免出現問題，及時修補裂縫，都是很重要的功課，所謂「小病不治成大病」，到了惡化就來不及了。

本節主旨主要講問題和矛盾，都不是本來就有，而是從細微發展到巨大，終於「智者不能善其後」，這就是「經起秋毫之末，揮之於太山之本」的道理。有些高人能抓住事情的危機徵候，因他「以識細微」，能夠見微知著，故能化危機為轉機。

【原典三】

天下分錯（註一），上無明主，公侯無道德，則小人讒賊（註二）；賢人不用，聖人竄匿（註三）；貪利（註四）詐偽者作，君臣相惑，土崩瓦解，而相伐射（註五）。父子離散，乖亂（註六）反目，是謂「萌芽巇罅」（註七）。聖人見萌芽巇罅，則抵之以法。世可以治則抵而塞之，不可治則抵而得之（註八）。或抵如此，或抵如彼，或抵反之（註九），或抵覆之（註十）。五帝（註十一）之政，抵而塞之。三王（註十二）之事，抵而得之。諸侯相抵，不可勝數。當此之時，能抵為右。（註十三）

註釋

註一　分錯：四分五裂。
註二　讒賊：奸惡之徒。
註三　竄匿：逃跑隱藏。
註四　貪利：貪圖利祿。
註五　伐射：互相攻伐。
註六　乖亂：違背常情常理，行為混亂。
註七　萌芽巇罅：輕微的裂痕。
註八　世可以治則抵而塞之，不可治則抵而得之：當政局可以治理時，就用可彌補的「抵」法，使問題得到解決，政局可以持續下去。如果世道已惡化到不可治理，就用「抵」法瓦解它，重新建造它。
註九　反之：助其恢復原狀。
註十　覆之：顛覆對手（無可挽救的政局）。
註十一　五帝：黃帝、顓頊、帝嚳、堯帝、舜帝。
註十二　三王：指夏、商、周三朝開國君主，夏禹、商湯、周文王和周武王。

註十三　右：上位、強者。

按鬼谷子所說：「世可以治則抵而塞之，不可治則抵而得之……或抵覆之。」這應該就是「革命論」了。政局可救則救，不可救則推翻它，重建新政權。大致看看我們中國的歷史發展，夏商周秦漢……宋元明清到現在，舊的政權被推翻，新的政權建立了，更替原因正如鬼谷子所述。筆者認為這是好事，死掉的是一個老舊政權，新政權才有新的發展，如是則中國才能「永恒不死」！

鬼谷子之「革命論」已很先進，類似現代之「人民主人論」，不站在統治者的立場，而站在人民的立場。如果最高的領導階層腐敗，給人民帶來災難，以致政局惡化，社會動亂，則人民有權「或抵覆之」或「抵而得之」，就是以革命手段推翻腐敗政權，建立新政權。二千多年前有此言論，是不可思議的先進！

所以，「世可以治則抵而塞之，不可治則抵而得之」。這是一種生生不息的理念，符合社會發展規律，也符合人民願望的正確作為。放在我們人生處世，也有大用，碰到問題能治則治，不能治就放棄，另謀他途，或「推翻原案」，重新建構新案！

【原典四】

自天地之合離、終始（註一），必有巇隙，不可不察也。察之以捭闔，能用此道，聖人也（註二）。聖人者，天地之使（註三）也。世無可抵（註四），則深隱而待時（註五）；世有可抵（註六），則為之謀。可以上合（註七），可以檢下（註八）。能因能循（註九），為天地守神（註十）。

註釋

註一　自天地合離、終始：意說，天地之間，有合有離，一切也有始有終，這是自然現象。而人事也一樣，都有離合終始，這是自然法。因為如此，才有下句「必有巇隙」，即是說，人世間本來就有矛盾、對立、分裂等現象的存在。

註二　此處的「聖人」，應包含歷史上「非聖人」，但有極高智慧者，如姜太公、孔明，鬼谷子也是。

註三　天地之使：天地之代言、代行者。

註四　世無可抵：天下已不可為，政局已無可救藥。
註五　深隱而待時：退隱等待時機。
註六　世有可抵：天下尚可為，政局尚可救。
註七　可以上合：對上級，有合作的空間。
註八　可以檢下：對下級，可以管理、督導、檢查。
註九　能因能循：一切的作為，都有所依據，有所遵循。
註十　天地守神：天地的守護神。

在我們中國幾千年來的歷史發展過程中，始終有一種規律的政治思想在引導著。當天下可為時，政治清明而穩定，此時文人雅士都樂於「學而優則仕」，出而為國家、社會效力，貢獻所學所能，實現自己志向，更有機會「治國、平天下」。這是儒家的理想，也是儒家思想為主流的朝代。

但當天下不可為時，政治黑暗，上有昏君或暴君，下有亂臣賊子。此時文人雅士、各種忠誠人才，往往更樂於退隱山林，縱情詩酒，等待天下清明再出山。這是佛教和道家盛行的時代，儒家則示微，只見昏君亂臣給人民帶來無休止的災難。

鬼谷子「世無可抵，則深隱而待時；世有可抵，則為之謀。」正體現了中國政治思想進退的特色。但政局為何時而可為，又時而不可為？鬼谷子指出這是「自然現象」，「自天地之合離、終始，必有巇隙，不可不察也。」也就是說，有明君必有昏君，有忠臣必有奸臣！

即是自然現象，也就必然會發生的事。重要的是鬼谷子說明聖人（智者），應如何面對可為與不可為的世局！「察之以捭闔，能用此道」、「能因能循，為天地守神」。也就是，不論天下可為或不可為，主動權都可以掌握在自己手上，因為他看清了萬事萬物的本質面。

萬事萬物都有「巇隙」，一切的人際、團際、國際，勿論內外，必有「裂縫」。只有智者在面對內外鬥爭時，可以找到對方的矛盾和空隙所在，然後乘「隙」而入或而出，瓦解對方，取得鬥爭勝利。這也是鬼谷子要教我們的智慧，不可不察也！

第五章 飛箝

【原典一】

凡度權量能，所以徵遠來近（註一）。立勢而制事（註二），必先察同異之黨，別是非之語，見內外之辭（註三），知有無之數（註四），決安危之計，定親疏之事，然後乃權量之（註五）。其有隱括（註六），乃可徵，乃可求，乃可用（註七）。引鉤箝之辭（註八），飛而箝之。鉤箝之語（註九），其說辭也，乍同乍異（註十）。其不可善者（註十一），或先徵之，而後重累（註十二）；或先重以累，而後毀之；或以重累為毀（註十三），或以毀為重累。其用（註十四），或稱財貨、琦瑋（註十五）珠玉、璧白、采色（註十六）以事之，或量能立勢以鉤之（註十七），或伺候見澗而箝之，其事用抵巇。（註十八）

註釋

註一　徵遠來近：吸引遠近人才。

註二　立勢而制事：先創造一種有利態勢，就可以掌握事情變化的規律。

註三　內外之辭：指對內、對外的各種進言。

註四　有無之數：有餘和不足的程度。

註五　權量：權衡度量，評估長短輕重。

註六　隱括：藏於暗處、不明白的地方。

註七　乃可徵，乃可求，乃可用：意說，針對隱括之處，再進行深入研究，仔細去觀察探求答案，這樣才能把外在的力量引為我用。

註八　引鉤箝之辭：鉤，是鉤針，把別人內心真實的想法（言論）引誘出來，鉤出來之意。

註九　鉤箝之語：引誘對方和挾持對方所說出的話。

註十　乍同乍異：意指，遊說辭令，忽同忽異。

註十一　不可善者：指用鉤箝之法也不能說服的人。

註十二　重累：反覆。

註十三 以重累為毀：透過反覆進行，使對方瓦解。
註十四 其用：準備要採用。
註十五 琦瑋：珍貴寶玉。
註十六 采色：有顏色美麗的東西。
註十七 以鉤之：用來吸引他們。
註十八 伺候見澗而箝之，其事用抵巇：透過找到對方的漏洞，可以用來控制對方，在這鬥爭過程中所用的方法，就是抵巇之術。

飛箝，探討如何利用話術言辭，鉤出並箝制對方的真實所欲愛好，以利控制，使人才歸我所用。用文雅的說法，是廣招人才，「人為財死、鳥為食亡」，吸引人才的辦法無奇不有，不外利用人性的優點和弱點。

飛，是飛揚、表揚、公開誇獎。箝，是挾住、挾持、受制於我。也就是遊說一個對象（人才），要先誇獎他、表揚他，令他激動，等他說出真情志向，便能投他所好加以箝住，令其沒有退路。這是「飛箝」的基本原理，鬼谷子指出可以廣泛的運用。

首先，你在一個圈圈裡（官場或職場），你想要做一點大事，推展你的主張，實現你的理想，要先從「立勢」開始，進行「拉幫結派」的工作。「立勢而制事，必先察同異之黨，別是非之語，見內外之辭，知有無之數，決安危之計，定親疏之事，然後乃權量之。」一言以蔽之，找尋志同道合者結盟，弄清楚誰是同志，誰是敵人？誰親誰疏？確定事態中可信的人和必須防範的人。然後量勢行事，創造解決問題的有利態勢。

有些人才很固執，甚至頑固，不易招徠歸我所用。這種對象的收服，鬼谷子有辦法，「其不可善者，或先徵之，或後重累，或先重以累，或後毀之；或以重累為毀，或以毀為重累。」

鬼谷子之意，面對難以收服的人才，就要像觀世音菩薩收服孫悟空一樣。進行利誘威脅，反覆試探，或先反覆試探再摧毀他（指摧毀他的心志）；有時候一再試探也是一種摧毀的力量，或攻擊摧毀等於是反覆試探，方法多變，軟硬都用，必然有效。

「其用，或稱財貨、琦瑋珠玉、璧白、采色以事之」。這些誘人之物，在說服對象、招徠人才過程中，都是有大用的東西。在我們現代中國的崛起，民族復興過程中，從美國招回一千四百位人才，不外是「財貨」（高薪）招之，誘之以利是古今中外不變的道理。

【原典二】

將欲用之於天下（註一），必度權量能，見天時之盛衰，制（註二）地形之廣狹，阻險之難易，人民貨財之多少，諸侯之交孰親孰疏、孰愛孰憎；心意之慮懷，審其意（註三），知其所好惡，乃就說其所重（註四），以飛箝之辭鉤其所好，以箝求之（註五）。

註釋

註一　將欲用之於天下：意說，將要把「飛箝」之術，運用於爭天下時。

註二　制：控制、了解。

註三　審其意：考察他們（指各諸侯）的思慮，了解他們的願望或想法。

註四　說其所重：針對他們重視的問題遊說。

註五　以飛箝之辭鉤其所好，以箝求之：用「飛箝」的方法，誘出對方的愛好所在，再用「箝」之術把對方控制住，以利運用。

用飛箝之術，經營人際、團際關係，首要「審其意，知其所好惡，乃就說其所重。」要先觀察、理解，對象內心在想什麼？他要什麼？他的愛惡是什麼？把他捧得心花怒放，自然就解除了心防，向你交出老底！

只要對象向你交出老底，向你敞開心語，他便快被你「箝制」住了。「以飛箝之辭鉤其所好，以箝求之」，他得到他所要，同時也成了你的助力，你的同盟，從此離不開你，被你箝制住了。

這個簡單的道理，也可以用在爭天下。放眼看看二〇二二年已打了八個月的俄烏戰爭，美、俄、歐和中國，乃至朝鮮兩國、倭國等，都使出「吃奶的力氣」在進行「飛箝」操作；「將欲用之於爭天下，必度權量能，見天時之盛衰……諸侯之交孰親孰疏。」簡言之，在國際間要弄清「孰親孰疏」，才能結盟，共同瓦解對手，且「非我族類」其心必異。這是美國搞「五眼聯盟」，欲裂解中、俄，背後的基本原理。當然，中俄也在進行「飛箝」操作，隨著我大中國之強大，美帝也佔不到便宜，拜登急得快要去跳太平洋了！

【原典三】

用之於人（註一），則量智能（註二）、權材力（註三）、料氣勢（註四），為之樞機（註五）、隨之，以箝和之（註六），以意宜之（註七）；此飛箝之綴也。（註八）

註釋

註一 用之於人：將飛箝之術用於人。

註二 智能：智慧、才能。

註三 材力：材，同才，才能也。

註四 氣勢：氣概、聲勢，現代仍習稱「氣勢」。

註五 樞機：關鍵之處。

註六 以箝和之：意說，爭取以「飛箝」之術，達成和對方的議和。

註七　飛箝之綴：綴，是連結之意。意說，飛箝之術的每一個環節，都有連帶作用，要環環相扣，才能發揮飛箝之術的力量。

「飛箝」之術，用於談判、辯論、說服、遊說、識人、用人、離間、結盟等，都有大用，如一把萬用之刀。飛箝亦靈活可變，如先以「飛揚」，再施「箝制」；借外力「飛揚」，亦借外力「箝制」；先「箝制」，後「飛揚」。無論如何用，都有神效，鬼谷真神啊！

通常人在江湖，一生中會有許多「關係」，碰到成千上萬的「朋友」，這成千上萬的「關係」中，只有極少數和你有「關係」。這極少的關係中，須要你去進行「飛箝」之術者，在職時較多，退職後就少了。

退職後用「飛箝」機會雖少，但現代社會人際複雜，且退職後時間多（晚年時間很長），少不了仍要經營一些「關係」。則鬼谷子之法，「量智能、權材力、料氣勢，為之樞機」，仍是有用的功課，一把好刀；若再積極些，以箝和之，以意宜之；此飛箝之綴也。」如此這般，你可能再創第二春、第三春……

【原典四】

用於人，則空往而實來（註一），綴而不失，以究其辭（註二）。可箝而從（註三），可箝而橫（註四）；可引而東，可引而西；可引而南，可引而北；可引而反（註五），可引而復。雖覆，能復（註六），不失其度（註七）。

註釋

註一　空往而實來：意指，用飛箝之術，以飛揚好聽的空話，就能得到對方的實情。

註二　究其辭：考究遊說所用的辭令。

註三　從：合縱。

註四　橫：連橫。

註五　反：返還。

註六　雖覆，能復：意說，雖然可以將其顛覆，但也有辦法能將其返回原樣。

註七　度：節度。

「空往而實來」，類似「買空賣空」、「白手起家」，善加操作可是一種「空手取天下」之無上法門。想當年，鬼谷子的兩大得意弟子，張儀和蘇秦，不過以「空往實來」之策，縱橫列國，創下咱們中國歷史上不凡之大業，使其個人也取得榮華富貴。而縱也好！橫也罷！都是他二人的舌上蓮花。

光靠言語辭令，就能產生無窮魔力（或神力），可以把一個人或國家政策，「可箝而從，可箝而橫，可引而東，可引而西……雖覆，能復，不失其度。」二〇二二年俄烏戰爭之際，我看到許多國際要人也在進行著「空往實來」之術，都沒有張儀、蘇秦的高度，想必那些洋鬼子也沒讀過《鬼谷子》吧！

第六章 忤 合

【原典一】

凡趨合倍反（註一），計有適合（註二）。化轉（註三）環屬（註四），各有形勢（註五）。反覆相求（註六），因事為制（註七）。是以聖人居天地之間，立身御世，施教揚聲明名也，必因事物之會（註八），觀天時之宜，國之所多所少（註九），以此先知之，與之轉化（註十）。世無常貴，事無常師（註十一）。

聖人常為無不為，所聽無不聽。成於事（註十二）而合於計謀（註十三），與之為主（註十四）。合於彼而離於此，計謀不兩忠（註十五），必有反忤（註十六）。反（註十七）於此，忤於彼；忤於此，反於彼。（註十八）

其術也，用之天下，必量天下而與之（註十九），用之國，必量國而與之；用之家，必量家（註二十）；用之身，必量身材能（註二一）氣勢而與之。大小進退，其用一也。（註二二）

註釋

註一　趨合倍反：趨合：趨向合一、統一的方向發展，相當於「合」；倍反，朝向分離、背叛的方向發展，相當於「反」。這是萬事萬物存在和發展的兩種狀態，人事也是，如正↓反↓合的辯證發展。

註二　計有適合：意說，一切事情的正↓反↓合狀況，都有可以應付的計策。

註三　化轉：指正↓反↓合的轉化過程。

註四　環屬：意說，在正↓反↓合的轉化過程中，每個環節都要如鐵環連接一樣，沒有裂縫。

註五　形勢：變化的態勢。

註六　反覆相求：意說，正與反、反與正之間，都是相互依存、相互依賴的關係。

註七　因事為制：依據狀況變化，掌握事態的發展。

註八　會：事物與事物之間的接合處，例如人與人之間的交會點，也就是因緣和合的地方。

註九　國之所多所少：國家之內，哪些是屬於豐富有餘，哪些又是屬於貧乏不足者。

註十　與之轉化：意說，聖人治理國家，知道有餘與不足處，會設法掌握現狀，促使狀況向有利的方向發展。

註十一　世無常貴，事無常師：世界上萬事萬物，沒有永久都是佔領高貴的地位；世界上萬事萬物，也沒有永久都是典範的地位。

註十二　成於事：把事情辦成功。

註十三　合於計謀：事情的完成符合預訂計謀。

註十四　與之為主：意說，各為其主。

註十五　計謀不兩忠：計謀不可能同時忠於兩個對立的君主。即意說，任何計策不會對各方都有利，利於此，必不利於彼，必有一方不滿。

註十六 必有反忤：合了一方意願，必逆了另一方意願。意說，處理任何事情或訂決策，不可能滿足各方陣營，有受益者，必有反對或受害者。

註十七 反：此當順從解。

註十八 忤於此，反於彼：違背另一方意願，才能合乎這一方意願，這就是「忤合」之術。

註十九 用之天下，必量天下而與之：意說，把「忤合」之術使用於天下，那麼全天下就都在忤合之中了。

註二十 家：此指大夫之采邑。

註二一 材能：才氣和能力。

註二二 大小進退，其用一也：意說，把「忤合」之術，用於天下、國、家、身，範疇不同，功用都一樣。

忤合，也就是向背問題。任何人事，宇宙萬物，都存在忠順與背判、合作與分裂、有利與不利、支持與反對，等等之所謂「二元對立」問題。如何面對處理這些逆、順變化，才能歸於不疑，掌握主動權，自由縱橫，就看如何揮灑「忤合」

之術。

忤合，忤，是反抗、對抗、反對、背叛之意；合，是合作、配合、順從、忠誠之意。此處「忤合」，指「以忤求合、先忤後合」，其作用是先提高己方反抗力量，等於先提高自己身價，以利後面的談判合作。這類似現代政治上「衝突理論」的運用。

所以智者看背判、反對問題，還是有其作用。如鬼谷子曰：「凡趨合倍反，計有適合。化轉環屬，各有形勢。反覆相求，因事為制。」也就是說，「反」和「正」如鐵環之連接，不可分割，加以操作，便趨「合」，成為「一家人」。有了這樣的認知，才能去進行合縱連橫的鬥爭，才能在正、反各方之間，翻雲覆雨。

想要進行縱橫捭闔，翻手為雲，覆手為雨，就要運用「忤合」之法，了解事物發展的變化，正反因果，都是一體的。抓住事情的關鍵點，依據關鍵點的特色，制定相應的計謀對策。

「世無常貴，事無常師」，這是典型的「無常觀」，類似佛教的「緣起法」或叫「因緣法」，緣起則聚，緣散則滅。在我們中國古代的所謂九流十家，似未有「無常」觀思想，鬼谷子是個奇異的特色。

所以，鬼谷子也等於闡示了人間真相和宇宙實相。「計謀不兩忠，必有反忤，反於此，忤於彼；忤於此，反於彼也。」在鬥爭過程中，主客雙方處於衝突地位，但經由「忤合」操作，可趨和或合，化被動為主動，爭取有利機會，獲取最後的勝利。

「忤合」之術，可用在任何領域。「用之天下，必量天下而與之，用之國，必量國而與之……用之身，必量身材能氣勢而與之。大小進退，其用一也。」不論範圍大小，其方法和功用是一樣的。

【原典二】

必先謀慮計定（註一），而後行之以忤合之術。古之善背向者（註二），乃協四海（註三）、包諸侯（註四），忤合天地而化轉之（註五），然後與之求合（註六）。故伊尹（註七）五就湯（註八）、五就桀（註九），而不能有所明（註十），然後合（註十一）於湯。呂尚（註十二）三就文王、三入殷朝，而不能有所明，然後合於文王。此知天命之鉗（註十三），故歸之不疑也。

註釋

註一 先謀慮計定：意指，要操作「忤合」之術前，要先進行對當前狀況的謀劃、分析、判斷的工作。

註二 善背向者：善於操作反派一方、趨向另一方而能橫行天下的智者。

註三 乃協四海：掌握四海之內的各方勢力。

註四 包諸侯：控制各方諸侯。

註五 忤合天地而化轉之：意指，經由忤合操作，轉化各方勢力，以合於君王想要的目的。

註六 然後與求合：意說，轉化各方反對勢力後，謀求「合」的機會。

註七 伊尹：助湯滅夏桀，為商朝開國名相。

註八 湯：商朝開國之君。

註九 桀：即夏桀，夏朝最後一個君王。

註十　不能有所明：意指，伊尹五就湯、五就桀之事，其動機目的未顯露，世人也不明白原因。

註十一　合：此指歸順。

註十二　呂尚：就是姜太公，輔佐周文王、周武王建國，亦為開國名相，是齊國始封主。

註十三　天命之鉗：天命的制約。

「此知天命之鉗，故歸之不疑也。」依據天時、地利、民心所在，判斷出誰將可以取得天下，誰最有實力取得大位，這就是「深悟背向之理」的智者，深知「天命所歸」的高人。歷史上姜太公、伊尹、蘇秦、張儀、孔明等，都是此等智者，鬼谷子更是。

這些智者，有不凡的智慧，能參透「天機」，能審度天下趨勢，時機成熟便向未來的「明主」投靠，為明主效力，也實現自己的理想。

但這些智者在選擇投靠誰之前，如伊尹「五就湯、五就桀，而不能有所明」，姜太公也「三就文王，三入殷朝，而不能有所明」。這些智者的進退動機、目的，一般世人都不明白，當事者也不顯露，按鬼谷子之意，應該要保持神秘性，如神龍見首不見尾為上策。

【原典三】

非至聖人（註一）達奧（註二），不能御世（註三）；不勞心苦思，不能原事（註四）；不悉心見情，不能成名（註五）；材質不惠，不能用兵（註六）；忠實（註七）無真（註八），不能知人。故忤合之道，己必自度材能知睿（註九），量長短（註十），遠近孰不如（註十一），乃可以進，乃可以退；乃可以從（註十二），乃可以橫（註十三）。

註釋

註一　聖人：此指有高尚品德和超人智慧的縱橫家、外交家或很高明的智者。

註二　達奧：通曉事物深層的基本規律。

註三　御世：駕馭天下、掌控世界。

註四　原事：事物的本質面、本來面目。

註五　成名：功成名就。

註六　用兵：此指率軍作戰。

註七　忠實：愚忠老實。

註八　無真：無真知灼見。

註九　忤合之道，己必自度材能知睿：在啟動使用「忤合」之術前，首先要評估自己的才能、智慧，是不是「那塊料子」？也就是，要先有自知之明。

註十　量長短：評估他人的優缺長短。

註十一　遠近孰不如：分析遠近範圍內，可能的對手中，自己比誰不如！

註十二　從：合縱。

註十三　橫：連橫。

幾乎所有的兵法家，都強調「知彼、知己」這兩件事。如《孫子兵法・謀攻篇》說：「知彼知己，百戰不殆；不知彼而知己，一勝一負；不知彼，不知己，每戰必敗。」這是軍事作戰，敵我雙方交兵的戰場。

而鬼谷子以「中國第一謀略家」出場，他的位階高於軍事戰場，而是看不到砲火，沒有刀槍的政治戰場、外交戰場，乃至國與國之間的「捭闔戰場」。鬼谷子則更強調要先知己，「忤合之道，己必自度材能知睿，量長短，遠近孰不如，乃可以進，乃可以退；乃可以從，乃可以橫。」這種接近「聖人」的才能、智慧從何而來？進退自如的縱橫捭闔本領如何養成？是先天？或後天？

鬼谷子強調後天「苦學」而得，且必須虛心學習，也就是要虛心、虛心、再虛心，苦思加苦學，才能得到這種無尚之才能和智慧。「不勞心苦思，不能原事；不悉心見情，不能成名；材質不惠，不能用兵；忠實無真，不能知人。」也就是，才能和智慧沒有「磨」到高度，不能「下海」，否則會「死得很慘」！

從現代心理學觀之也是，一個人必須先了解自己，知道自己的「材質」，才能明確為自己的人生定位。想要做什麼？能做什麼？適合做什麼才能成功？正確的了解自己的人生方向，才能正確進行下一步，而不會白做工！

第七章 揣 情

【原典一】

揣（註一）情者，必以其甚喜之時（註二），往而極其欲也（註三）。其有欲也（註四），不能隱其情（註五）；必以其甚懼之時（註六），往而極其惡也（註七）。其有惡也（註八），不能隱其情。情欲（註九）必知其變（註十）。

註釋

註一 揣：揣度、揣測、揣摩。

註二 必以其甚喜之時：意說，「揣情」，要在對方最高興的時候進行。

註三　往而極其欲也：去儘可能擴大對方的欲望。

註四　其有欲也：意指，人都有欲望，所以當對方欲望顯露出來時。

註五　不能隱其情：按捺不住實情。

註六　必以其甚懼之時：意說，「揣情」的另一個時機是，對方最感恐懼的時候。

註七　往而極其惡也：去儘可能加重對方的恐懼。

註八　其有惡也：意說，人都有所害怕，所以當對方害怕心理顯現時。

註九　情欲：心理、欲望。

註十　必知其變：意說，人的心理和欲望，必然隨著狀況發展而變化，有了變化，心理欲望必顯現出來。

這一小段文字，鬼谷子提出「心理戰」（心戰）的最高指導原則有二：第一是進行「揣情」的時機，人性中最鮮明且最好利用的本質之把握；第一積極「開發」人的欲望（即對手的欲望）。

在時機的把握上，要抓住人性中兩種最鮮明的欲望，「必以其甚善之時」和

「必以其甚懼之時」。凡人，必有所喜悅高興，亦必有所恐懼害怕，當人處在這兩種狀況，不論何種角色，只要外力介入加以「揣情」，他必按捺不住，吐出心中的實情。

第二講到如何把對方的實情「開發」出來，歸你所知，為你所用。鬼谷子提到要擴大對方的欲望，「往而極其欲也」和「往而極其惡也」，把對方高興的事宣染擴大，把對方害怕的事深化其恐懼，按捺不住吐出實情後，他便受制於你，任你駕馭之。

【原典二】

感動而不知其變者（註一），乃且錯其人勿與語（註二），而更（註三）問所親（註四），知其所安（註五）。夫情變於內（註六）者，形見（註七）。故常必以其見者，而知其隱者（註八）。此所謂測深揣情。

註釋

註一　感動而不知其變者：意說，當你進行了擴大對方的高興欲望，或深化了對方的害怕情緒，對方依然不為所動，喜怒哀樂都不顯現。這表示你可能碰到「高人」了，你必須改變方法。

註二　且錯其人勿與語：碰到這樣的「高人」，就暫時不理他，也不要對他再說什麼。

註三　更：改變。

註四　問所親：向「高人」所親近的人，去探聽訊息進行遊說工作，由別人去影響「高人」，再相機進行下一步作為。

註五　知其所安：意說，經過「問所親」後，就大致可以知道，那位「高人」可以安然不動的原因。

註六　情變於內：人的情緒、感情，會從內部（內心）發生變化。

註七　見：同現，顯現也。

註八　知其隱者：從顯現出來的表象，去理解、判斷對方內心的真正實情。察言觀色，捕捉對方內心真實心意（企圖），做出不同的反應（面對、處理），可以說是一切眾生的本能。我們在其他動物身上，如猩猩、猴類、獅虎象犬等等，都發現牠們在同類或異類之間，也有「揣情」能力。這是動物生存的本能，也是一種安全需求。

但是，人類做為目前為止，宇宙間所發現「最高等生物」，所謂「智慧生物」，又說「萬物之靈」。人類的內心世界情緒，當然比其他動物更複雜、更深沉，古來就有「人心難測」之說。放眼看看眾人，內心充滿著貪、嗔、癡、慢、疑，滿腔愛恨情仇，一肚子食色性也，還有無窮的欲望。所以，面對任何人的角色，「揣情」都不是一件容易的事。

對那些「普通角色」，利用其愛惡，「極其欲、極其惡」，便能揣得內心真情。但面對「更高的人」，更難纏的角色，有極高明的ＥＱ（情緒管理），他便不露聲色，「感動而不知其變者」。此時將如何？鬼谷子告訴我們，方法要改變了！

「乃且錯其人勿與語，而更問所親，知其所安。」這意思說，「內線鬥爭」不行，改「外線鬥爭」，先不理那位「高人」，從他周圍親近的人下手，便可以探知「為什麼」？進而找出「抵巇」，見縫插針，「測深揣情」，當可揣得真實內情。

我們中國人常說「山外有山、人外有人」。即是說，不要以為自己就是「高人」，比你更高的多得是，只有更高，沒有最高。所以，「揣情」術是永無止境的，永遠也無法修完的學分，只有活到老、學到老。因為「人心不可測」，乃無底的深淵！

【原典三】

故計（註一）國事者，則當審量權（註二）；說人主（註三），則當審揣情（註四），避所短，從所長（註五）。謀慮情欲必出於此（註六）。乃可貴，乃可賤；乃可重，乃可輕；乃可利，乃可害；乃可成，乃可敗，其數一也。（註七）故雖有先王之道，聖智之謀，非揣情（註八）、隱匿（註九），無所索之（註十）。此謀之本也（註十一），而說之法也（註十二）。常有事於人（註十三），人莫能先（註十四）。先事而至（註十五），此最難為。故曰「揣情最難守司（註十六）」。

註釋

註一 計：謀劃。

註二 當審量權：意說，負責謀劃國家大事的人，應當詳細衡量本國各方面的實力狀況。

註三 說人主：想要對君主遊說的人。

註四 當審揣情：意說，想要對君主（自己或別國君主）遊說的人，應當全面揣測君主的真正想法。

註五 避所短，從所長：意說，遊說君主，要避其所短，從其所長。

註六 謀慮情欲必出於此：意說，遊說君主，所有的謀劃、考量、情緒和欲望，都必須以此（指君主的想法）為決定的出發點。

註七 乃可貴，乃可賤；乃可重，乃可輕……其數一也：意說，經過一系列對君主的揣情功夫，才能得心應手的處理各項問題，順利應付各種難纏的角色，你可以尊敬他，可以賤視他；可以成全他，也可以摧毀他。而這一些所用的方法，其實都是一樣的。

註八　非揣情：如果不進行揣情功夫。
註九　隱匿：深藏的實情。
註十　無所索之：什麼也得不到。
註十一　謀之本也：智謀的基礎。
註十二　說之法也：遊說的通用法則。
註十三　常有事於人：意說，人們常感覺到，事情總是來的突然，意想不到的事情就發生在自己頭上。
註十四　人莫能先：沒有事先預見。
註十五　先事而至：在事情發生之前，就依據狀況判斷，預先知道事情而做準備。
註十六　守司：把握。

俗話說，「千金難買早知道」，大智者鬼谷子也不得不說，「先事而至，此最難為。故曰揣情最難守司。」難歸難，還是有方法可以當「先知」，這也應了「天下無難事、只怕有心人」一語。

為先知者，計國事則當審量權，「說人主，則當審揣情，避所短，從所長。

謀慮情欲必出於此……」如果能這樣，當可掌握事態的變化發展，循著一定的規律，而知道將會發生什麼事！乃至預知結果。

能把握到事態發展規律，便可預知結果，你就是「先知」。於是，「乃可貴，乃可賤；乃可重，乃可輕；乃可利，乃可害；乃可成，乃可敗。」因為在事態變化之各造，只有你掌控了主動權和話語權，凡事由你說了算數，這就是用心「揣情」的結果。

所以鬼谷子警示，「雖有先王之道，聖智之謀，非揣情、隱匿，無所索之。」意思說，雖有先王之道，也有聖人的智慧語錄存在。但你「視而不見」，或不下真工夫去做「揣情」工作，你將什麼也得不到！

【原典四】

言必時（註一）其謀慮，故觀蜎飛蠕動（註二），無不有利害（註三），可以生事變（註四）。生事者（註五），幾之勢也（註六）。此揣情飾言成文章（註七），而後論之（註八）。

註釋

註一　時：指時機。

註二　觀蜎飛蠕動：蜎，音咽，小昆蟲類。全句意說，就是那些小昆蟲的蠕動行為，也是考量自己利益的需要，何況更高等的生物！

註三　無不有利害：世間一切眾生的心理，沒有不具備利害之心者，否則無法生存。

註四　生事變：意說，因有利害的考量，事情就會發生變化。

註五　生事者：事情剛剛產生變化時。

註六　幾之勢也：顯露出微小徵候的態勢。

註七　飾言成文章：飾言，經過包裝美麗動聽的話。全句意說，「揣情」要用漂亮的言語或文章。

註八　論之：應用於遊說。

這一小段文字有四個重：第一「言必時」，指遊說活動必須考慮時機問題，這是當然；就是人在官場、職場發言，也必須考量時機，怎樣叫適宜？也是一輩子的功課。

第二「蜎飛蠕動，無不有利害，可以生事變」，一切眾生都有利害之心，所以會因利害而產生情緒的變化。放到人類身上更為明顯，成為揣情的觀察指標。

第三「生事者，幾之勢也。」如何在事情開始變化之初，從很細微的徵候判斷，來決定自己的行動決心，掌握未來大勢？相信這是不容易的，需要「勞心苦思」。

第四「揣情飾言成文章，而後論之。」現在大家常說「人都愛聽漂亮的話」，而二千多年前的鬼谷子也這麼說，因為這是人的本性。鬼谷子之意，做揣情、遊說工作，就是要了解人性，才能進而去利用人性！

第八章 摩 意

【原典一】

摩（註一）者，揣之術也（註二）。內符（註三）者，揣之主（註四）也。用之有道，其道必隱（註五）。微摩之以其所欲（註六），測而探之，內符必應（註七）。其應也，必有為之（註八）。故微而去之，是謂塞窌（註九）、匿端（註十）、隱貌（註十一）、逃情（註十二），而人不知（註十三）。故能成其事而無患（註十四）。摩之在此，符之在彼（註十五）。從而應之，事無不可（註十六）。

註釋

註一　摩：摩擦、迎合、揣摩。此處意說，利用刺激、試探，以引起對方的反應，從反應中了解內情。
註二　揣之術也：意說，「摩意」是與「揣情」相類似的方法。
註三　內符：指人的情欲在內部起心動念間，符驗就會顯露在外表的現象中。
註四　揣之主：揣的主要對象，指內符。
註五　隱：隱密、隱藏。
註六　微摩之以其所欲：適當的「摩」，按自己的喜好進行探測。
註七　內符必應：內情必定經由外符表現出來。
註八　必有為之：必有作用。
註九　塞窌：音叫，地窖。引伸為隱藏自己想法。
註十　匿端：隱藏最初的動機。
註十一　隱貌：消除顯露於外的痕跡。
註十二　逃情：迴避相應的實情（偽裝的外表）。
註十三　而人不知：讓別人無從知曉。
註十四　成其事而無患：達到目的（完成任務），同時也不會留下後患。

註十五　摩之在此，符之在彼：在此處揣摩對方，而在另一處觀察對方的表現。

註十六　從而應之，事無不可：由於我方的揣摩，在對方順利呈現，那就沒有辦不成的事情了。

揣摩！揣摩！「揣」和「摩」二者不同，意義有別，其觀察和操作的方法也有微妙的不一樣。「摩」意，有指涉、研究、推測、刺激（和現代心理學的「刺激反應論」中的「刺激」一樣，利用刺激或試探引起反應，便可了解內情。）之意。

所以「摩意」，類似「揣情」術，只是操作過程中需要更高的隱密性，最好始末過程全都保持「絕對機密」，目的任務等全都完成了，仍「神不知、鬼不覺、人無感」。這說來有點高難度，如做操作到這個境界？

鬼谷子曰：「故微而去之，是謂塞窌、匿端、隱貌、逃情，而人不知。故能成其事而無患。」這是說，要遊說對方，要隱密地符合對方愛好需要，巧妙隱藏自己的想法（企圖），不可曝露自己真實心意。在符合對方想法的前提下，去「摩」

對方的心思，如此在事情全都完勝後，也不會留下後患，這是「摩意」的境界。

「摩意」有時隨因緣和合而起，所謂「緣聚則生」或「緣起則聚」。當你突然碰到人們明確表達行為目的後，即可「摩」而行之，以察其「意」，辨明對象內心真正欲求，正確把握其心思，反覆「摩」之。如此，則往往在人我關係中，可以處在駕馭的地位，在更大的「棋局」中也能掌握主動權，無事不可成。這就是鬼谷子說的，「摩之在此，符之在彼。從而應之，事無不可。」

【原典二】

古之善摩者，如操鉤而臨深淵，餌而投之，必得魚焉。故曰：「主事（註一）日成（註二）而人不知（註三），主兵（註四）日勝而人不畏也。」聖人謀之於陰（註五），故曰「神」；成之於陽（註六），故曰「明」。所謂「主事日成」者，積德也，而民安之，不知其所以利（註七）；積善也（註八），而民道（註九）之，不知其所以然（註十）；而天下比之神明也（註十一）。「主兵日勝」者，常戰於不爭（註十二）、不費（註十三），而民不知所以服，不知所以畏（註十四），而天下比之神明。

註釋

註一 主事：所主持或負責的事情。

註二 日成：意思是很快把事情辦成。

註三 而人不知：意說，將事情完勝辦得成功，而人們並不知道誰辦成或怎樣辦成的。這個道理，如同《孫子兵法．虛實篇》說，「因形而措勝于眾，眾不能知，人皆知我所以勝之形，而莫知吾所以制勝之形。」原理是一樣的。

註四 主兵：帶兵打仗。

註五 聖人謀之於陰：聖人，此指有很高智慧的人。這些「高人」，都是在隱密的謀劃大事，不為人知。

註六 成之於陽：某些可以呈現在光天化日下的行動。

註七 民安之，不知其所以利：人民享受著安居樂業的好處，並不知道這些利益好處，從何而來！

註八　積善也：指推行善政的人，一直在廣泛行善。

註九　而民道之：人民生活在善政之中，認為善政是應該要走的路。

註十　不知其所以然：不知道善政從何而來。

註十一　天下比之神明也：意說，對於能夠「謀之於陰，成之於陽」的智者，天下人都稱之為「神明」。

註十二　戰於不爭：與敵作戰，卻不爭奪城池。

註十三　不費：意說，雖與敵作戰，卻不消耗人力物力。

註十四　民不知所以服，不知所以畏：人民不知道為什麼有邦國臣服，也就不知道什麼叫恐懼！

「摩意」之術難乎？說難不難。鬼谷子用了一個簡單的比喻，「古之善摩者，如操鈎而臨深淵，餌而投之，必得魚焉。」「摩」如釣魚一般簡單，投餌必得魚，這只是基本「摩」之原理。用於更複雜的，國家想要吸引人才，也是用「釣」的。在《姜太公兵法．文韜篇》，姜太公和周文王有一段關於「釣魚」的對話：

文王勞而問之曰：「子樂漁耶？」

太公曰：「臣聞君子樂得其志，小人樂得其事，今吾漁甚有似也，殆非樂之也。」

文王曰：「何謂其有似也？」

太公曰：「釣有三權：祿等以權，死等以權，官等以權。夫釣以求得也，其情深，可以觀大矣。」

……

太公曰：「緡微餌明，小魚食之；緡綢餌香，中魚食之；緡隆餌豐，大魚食之。夫魚食其餌，乃牽於緡；人食其祿，乃服於君。故以餌取魚，魚可殺；以祿取人，人可竭；以家取國，國可拔。以國取天下，天下可畢。」

姜太公是周朝初年人，我們中國歷史上有兵書傳世的第一位大兵法家、大謀略家、大政治家，鬼谷子必然讀過《姜太公兵法》，才有以「釣魚」比喻「摩意」之闡述。「釣」之原理雖簡易，經由高人的操作，可以為國家「釣」到好人才，乃至「國可拔、取天下」，可見一個釣字多麼神奇！你要如何「操釣」，便得如何「摩意」！

本節的重點在強調，「摩意」的過程中，不論要「釣」的對象是什麼？都要效法「神明」，「聖人謀之於陰，故曰『神』；成之於陽，故曰『明』……而天下比之神明。」隱密操作，不露痕跡，是成敗關鍵；人人皆「不知其所以然」，才能事成而無後患。

【原典三】

其摩者（註一），有以平（註二），有以正（註三），有以喜（註四），有以怒（註五），有以名（註六），有以行（註七），有以廉（註八），有以信（註九），有以利（註十），有以卑（註十一）。

平者，靜也（註十二）；正者，直也（註十三）；喜者，悅也（註十四）；怒者，動也（註十五）；名者，發也（註十六）；行者，成也（註十七）；廉者，潔也（註十八）；信者，明也（註十九）；利者，求也（註二十）；卑者，諂也（註二一）。

故聖人所獨用者，眾人皆有之（註二二），然無成功者（註二三），其用之非也（註二四）。故謀莫難於周密（註二五），說莫難於悉聽（註二六），事莫難於必成（註二七）。此三者，唯聖人然後能任（註二八）。

註釋

註一 其摩者：進行「摩意」之術的人。
註二 有以平：有採取和平攻勢的方式。
註三 有以正：有採取正義責難的方式。
註四 有以喜：有採取高興討好的方式。
註五 有以怒：有採取動怒刺激的方式。
註六 有以名：有採取高位名望吸引的方式。
註七 有以行：有採取行動壓迫的方式。
註八 有以廉：有採取廉潔感化的方式。
註九 有以信：有採取信用兑現的說服方式。
註十 有以利：有採取利益誘惑交換的方式。

註十一　有以卑：有以低姿態以退為進的方式。
註十二　平者，靜也：和平攻勢是無聲無息的。
註十三　正者，直也：正義責難是直來直往的。
註十四　喜者，悅也：高興討好為取悅對方。
註十五　怒者，動也：動怒刺激是啟動壓迫的力道。
註十六　名者，發也：高位名望吸引是彰顯其聲譽。
註十七　行者，成也：行動壓迫使事情儘快完成。
註十八　廉者，潔也：廉潔感化是清明的。
註十九　信者，明也：信用兑現是清楚明白的。
註二十　利者，求也：利益誘惑是針對需求。
註二一　卑者，諂也：低姿態（謙卑），是為了諂媚對方（使其上當）。
註二二　聖人所獨用者，眾人皆有之：此處的聖人指智慧比一般人高的人。意說，前述十種「摩意」方法，看似「高人」所獨用，其實人人都可以具有並使用之。

註二三　然無成功者：意說，一般人使用那些「摩意」方法，沒有很成功的運用。

註二四　其用之非也：方法上有所錯誤。

註二五　謀莫難於周密：謀劃一項策略，最困難把握的地方，就是謹慎周到和確保隱密。

註二六　說莫難於悉聽：要對某一方進行遊說，最困難達成的效果（作用），就是使對方完全聽從自己的說辭。

註二七　事莫難於必成：主持某事，最困難之處，在於確定會成功。

註二八　唯聖人然後能任：只有成為高智慧的人，才能勝任。

所謂「人上一百形形色色」，「摩意」之術碰到不同個性、智能、地位、背景之對象，當然有不同的手段，有的人「吃軟不吃硬」，有的人「吃硬不吃軟」。所以摩意如同捭闔，完善應付一切人事，不外閉一點、開一點、鬆一點、緊一點、硬一點、軟一點、陰一點、陽一點等。如此針對不同對象，調整使用手段和把握身段。

這一小節裡面，鬼谷子提出十種針對不同對象，使用的十種不同手段，自己的「身段」當然也要調整。所謂十種當然也只是舉例，只是十種把握的原則。

「平」和平攻勢：是一種「和平演變」，如同今之美帝搞「顏色革命」，不知不覺中以「冷水煮青蛙」手段，就改變一國之民心，進而顛覆對手的政權。和平攻勢要把握「自然」原則，讓人看起來一切都很自然。

「正」正義責難：展現自己的正氣，不存任何私念，一切為公的樣子，不為利己，只為利人；只有如此，才能激起對方的正義感，受到感動而順服。

「喜」高興討好：摩意本來就要先針對對方愛好進行，投其所好，才能得到對方歡心，這是千古不變的硬道理。所說服的條件，才較易於被接受。

「怒」動怒刺激：怒分兩方，一者自己動怒，給對方形成強大壓力，以儘快促成所要；或者激怒對方，使其怒不可遏，乃至失控，可捕捉變化的徵兆。

「名」名望吸引：高位、聲望是很大的誘惑力，因為那代表「名利雙收」，世上沒有幾人能抗拒。名利對人之所以難抗拒，如絕色對男人是「致命的吸引力」。

「行」行動壓迫：「摩意」之術一開始，神不知、鬼不覺、人無感，所以表面上看不出任何行動。但當發展到時機成熟時，採取積極行動是必要的「收網」

功夫。

「廉」廉潔感化：廉分兩方，一者表現自己的廉潔，二者表揚對方的廉潔。如此一來，雙方都是廉潔者，距離拉近，一切都好說話，遊說內容就容易被接受。

「信」誠實守信：信亦分兩方，一者表現自己是誠實守信的人，二者表揚對方是一個誠實守信的人。這樣的情境在主客之間建立起來，後面的事情都好說！

「利」讓人獲利：「給人利益」，其實就是人類社會維持好關係的最高指導原則，萬古不易之鐵律，這是筆者很早悟到的道理。摩意之術所面對的對象，不論是何方神聖？如何難纏的角色？讓他獲得利益，必可打開一道「破口」，使摩意順利進行。

「卑」以退為進：放下身段，以低姿態出現在對方面前，其目的，表面是謙卑、虛心，實際是諂媚對方（使對方上當）；觀察對方變化，再相機前進一步。

【原典四】

謀必欲周密，必擇其所與通者說也（註一）。故曰：或結（註二）而無隙（註三）也。夫事成（註四）必合於數（註五），故曰：道數（註六）

故與時相偶也（註七）。說者聽（註八），必合於情，故曰：情合於聽（註九）。

故物歸類（註十），抱薪趨火（註十一），燥者先燃；平地注水，濕者先濡（註十二）。此物類相應（註十三），於勢譬猶是也（註十四）。此言內符之應外摩也如是（註十五），故曰：摩之以其類（註十六），焉有不相應者？

乃摩之以其欲（註十七），焉有不聽者（註十八）？故曰：獨行（註十九）之道。夫幾者（註二十）不晚（註二一），成而不抱（註二二），久而化成（註二三）。

註釋

註一　必擇其所與通者說也：遊說，要選擇與自己志同道合的對象，才能方便溝通。

註二　或結：處理事情要固若金湯。

註三　無隙：無懈可擊；讓人沒有見縫插針的機會。

註四　事成：事情有預期的成效。

註五　數：方法。

註六　道數：道，客觀之規律；數，主觀之方法。

註七　與時相偶：與天時相和諧。

註八　說者聽：進行遊說的人，說話要讓對方聽信。

註九　情合於聽：合乎情理才有人聽。

註十　物歸類：萬事萬物都有其歸屬的類別。

註十一　抱薪趨火：抱著柴薪，走近火場。

註十二　濕者先濡：低的地方先進水。

註十三　物類相應：物以類聚，相同的事物，才會相互呼應。

註十四　於勢譬猶是也：依此類推，其他事物也一樣。

註十五　此言內符之應外摩也如是：這也就反應了「內符」與「外摩」的道理。

註十六　摩之以其類：按對象的不同屬性類別，才好進行「摩意」之術。

註十七　摩之以其欲：依據對象的愛好個性或欲望，進行「摩意」之術。

註十八　焉有不聽：那有不聽從的？
註十九　獨行：即橫行於天下之意。
註二十　幾者：意指通曉「揣摩」玄機的人。
註二一　不晚：把握好時機。
註二二　成而不抱：事情做好仍不止，仍再努力，使其更加完善。
註二三　久而化成：意指做任何事，只有有恒，日久必然有所成就。

這一節有如鬼谷子版的「進化論」或「自然法」。「故物歸類……此物類相應，於是譬猶是也。」世間萬物人事等，都和自己相同屬性的歸到同一類，只有成為「同類」才能共同謀事，也比較安全。

透過「同類」之間的呼應，不僅容易溝通，也更易於成事，這是「摩之以其類的道理」。所以鬼谷子說：「此言內符之應外摩也如是，故曰：摩之以其類，焉有不相應者？乃摩之以其欲，焉有不聽者？」故能「獨行之道」，你便能橫行天下了！

這種「物以類聚」，鬼谷子視為自然法則，如「平地注水、濕者先濡」。因此，進行「摩意」之術，欲成大事，「謀必欲周密，必擇其所與通者說也。故曰：或結而無隙也。」只有設法成為「同類」，才能志同道合，固若金湯；從反面說，就是「道不同不相為謀」，此乃自然之法也！

第九章 權 術

【原典一】

說者，說之也（註一）；說之者，資之也（註二）。飾言者，假之也（註三）；假之者，益損也（註四）；應對者，利辭也（註五）；利辭者，輕論也（註六）。成義者，明之也（註七）；明之者，符驗也（註八）。

難言者，卻論也（註九）；卻論者，釣幾也（註十）。佞言者，諂而於忠（註十一）；諛言者，博而於智（註十二）。平言者，決而於勇（註十三）；戚言者，權而於言（註十四）。靜言者，反而於勝（註十五）。

先意承欲者，諂也（註十六）；繁稱文辭者，博也（註十七）；策選進謀者，權也（註十八）。縱舍不疑者，決也（註十九）；先分不足而窒非者，反也（註二十）。

註釋

註一　說者，說之也：遊說的人，就是要說服別人。

註二　說之者，資之也：要能說服別人，就要給人幫助。

註三　飾言者，假之也：經過修飾的漂亮言語，都是為了要蒙蔽對方。

註四　假之者，益損也：想用飾言蒙蔽對方，就要使對方知利蔽成敗的利害關係。

註五　應對者，利辭也：凡是在應酬上的答對，都必須把握伶俐的外交語言。

註六　利辭者，輕論也：凡是外交上漂亮的語言，都是很不可靠、不確定、不實在的語言。

註七　成義者，明之也：要樹立起可靠信義的形像，行事就要光明正大。

註八　明之者，符驗也：所謂光明正大，就得讓人去進行檢驗考核。

註九　難言者，卻論也：凡是那些難於開口，說不出來的話，都是負面或反面的議論。

註十 卻論者，釣幾也：凡是反面負面的言論，都是為誘導對方把藏在心中那些機微之密事，表露出來。

註十一 佞言者，諂而於忠：說奸佞之言的人，因為會諂媚，反而成了「忠厚」老實像。

註十二 諛言者，博而於智：那些會說阿諛之言的人，因為會誇飾其言，好像就成為一個很有「智慧」的人。

註十三 平言者，決而於勇：說話很平庸無奇的人，由於行事風格很果決，反而會成為一個很「勇敢」的人。

註十四 戚言者，權而於言：說傷感話的人，由於善於權衡，反而有了「守信」的形像。

註十五 靜言者，反而於勝：說話很平靜的人，往往善於逆向思考，反而成了最後的「勝利」者。

註十六 先意承欲者，諂也：為實現自己的目的，可以應和他人的愛好欲望，這就是一種諂媚的行為了。

註十七 繁稱文辭者，博也：用華麗的言語去奉承他人，這就是誇大不實。

註十八　策選進謀者，權也：按照他人的愛好，進獻計謀的人，就是在玩弄權術。

註十九　縱舍不疑者，決也：即使有所犧牲也不動搖，就是一個有決心的人。

註二十　先分不足而窒非者，反也：能夠把缺失揭發出來，又有勇氣責難過失，他就是一個敢於反抗的勇者。

鬼谷子在這一小節，說明了進行遊說的各種語言技巧，以及判斷各種花言巧語的真真假假。但萬變不離其宗，「說之者，資之也。」要人信服，不光是情理的運用，主要在「給人幫助、給人利益、給人希望」。能做到這樣，遊說就容易多了！

公關、外交、人際，尤其用於遊說之語言，基本上都是「飾言者，假之也。」也就是現在所謂「政治語言」或「外交語言」。這類語言有許多誇飾，都要經過分析、篩選，去掉所有形容詞，才會看到真情真相，人都善於隱藏，唯有智者能看穿層層虛假。

不止是遊說者，就是現代任何有志者，要向眾人、社會宣說自己的理念，以獲得大眾支持（例如選舉），也要掌握講演技巧。要合情合理、合大家心意，語言必然要修飾得美美的，巧妙隱藏自己的意圖，才有說服力。

【原典二】

故口者，機關也（註一），所以關閉情意（註二）也。耳目者，心之佐助（註三）也，所以窺間奸邪（註四）。故曰：「參（註五）調而應（註六），利道而動（註七）。」故繁言而不亂（註八），翱翔而不迷（註九），變易而不危者（註十），觀要得理（註十一）。

註釋

註一 機關：關鍵也。

註二 關閉情意：意說，打開與關閉內心情緒和心意。

註三 佐助：助手。

註四 窺間奸邪：意說，耳目可用來偵察奸邪之人事。

註五　參：同三，指心、眼、耳三者。
註六　調而應：意說，心、眼、耳三者，相互協調呼應。
註七　利道而動：沿著有利的軌道，自然運作。
註八　繁言而不亂：面對花言巧語也不心亂。
註九　翱翔而不迷：任由議題自由馳騁，也不迷失方向。
註十　變易而不危者：改變任何議題討論，也不會失利而面臨危險。
註十一　觀要得理：把握事情發展的規律。

「禍從口出、病從口入」，也是千古不易的硬道理。但在公關領域的戰場上，成敗通常就靠「一張嘴」，把石頭說成黃金，天下人皆信之，這就是神奇的智慧。所以鬼谷子曰：「故口者，機關也，所以關閉情意也。」

如何管理並善用自己「一張嘴」，是遊說者、外交家永遠修不完的功課；再有耳目配合，「耳目者，心之佐助也，所以窺間奸邪。」進而「空手取天下」，此並非不可能，只要把握一些規律。

什麼規律？即萬事萬物都沿著一條「利道」在運行，各家兵書無不言利，孫子的十三篇，篇篇都在談利，就是〈火攻篇〉也言利：「非利不動……合于利而動，不合于利而止。」鬼谷子必然讀過孫武的十三篇。

孫子的軍事戰場和鬼谷子的政治戰場，所面對的都是人，「獲利、得益」是人性共同的規律。所以鬼谷子更清楚明白「說之者，資之也。」把握了這個規律，「利道而動」，故能「繁言而不亂、翱翔而不迷、變易而不危者，觀要得理。」不論面對何種角色、環境，主動權、話語權，就全都可以掌握在自己手上。

【原典三】

故無目者不可示以五色（註一）。無耳者，不可告以五音（註二）。故不可以往者，無所開之也（註三）；不可以來者，無所受之也（註四）。物有不通者，故不事也（註五）。古人有言曰：「口可以食，不可以言。」言有諱忌也；「眾口爍金」，言有曲故也（註六）。

註釋

註一　示以五色：展示五彩顏色之美麗。

註二　告以五音：訴說音樂的感動。

註三　不可以往者，無所開之也：有些地方是不該去的，因為那裡沒有可以讓你遊說的對象。

註四　不可以來者，無所受之也：有些地方是不該來的，因為這裡沒有可以接受你遊說的對象。

註五　物有不通者，故不事也：有些事尚行不通的，就不要去做這種事。

註六　言有曲故也：凡是任何言論的出現，都有複雜的背景，以及深厚難為外界所知的原。

這裡鬼谷子警示了一個千古以來，不變的「準定律」，就是「人言可畏」、「眾口爍金」。放眼一切官場、職場、人際、團際、國際皆如是。所以古人言：「口可以食，不可以言」，禍從口出，但遊說也必從口出，這是警示說話要很小心。所謂「信口開河、口中雌黃」，都是「自心管不住嘴」的敗筆！

言有諱忌，言多必失，這是身為一個「遊說工作者」清楚明白的事。謹慎選擇對象，把握時機才說，對看不清時局的人說，等於「對牛彈琴」白做工；對不清楚其立場的人說，可能你不知不覺中樹立一個敵人。所以，遊說不可貿然，才不會陷於被動或險境。

此處鬼谷子也提示一個重點，「言有曲故也」，就是不論任何官場、職場，一個言論（議題）的出現，必有複雜的背景和深厚的原因。通常就是一種測試，或帶「風向」的陰謀，乃至陽謀，不可不察！

【原典四】

人之情，出言則欲聽（註一），舉事（註二）則欲成。是故智者不用其所短（註三），而用愚人之所長（註四）；不用其所拙（註五），而用愚人之所巧（註六），故不困也。

言其有利者（註七），從其所長也；言其有害（註八）者，避其所短也。故介蟲（註九）之捍也，必以堅厚。螫蟲之動也，必以毒螫。故禽獸知用其所長，而談者知用其用也（註十）。

註釋

註一　出言則欲聽：意說，人們說話就希望別人聽從。
註二　舉事：做事情。
註三　智者不用其所短：聰明人不會去動用自己的短處。
註四　用愚人之所長：運用愚人的長處。
註五　不用其所拙：即藏拙，不要用自己笨拙之處。
註六　用愚人之所巧：運用愚人的技巧。
註七　言其有利者：說到別人有利的地方。
註八　有害：短處。
註九　介蟲：有甲殼的昆蟲。
註十　談者知用其用也：進行遊說工作的人，應該要知道所有該運用的一切手段。

「出言則欲聽，舉事則欲成」。這是當然，這也是人性的「本來面目」，沒有人喜歡失敗，都期待凡事成功。為此，鬼谷子指出了「成功之路」，在「智者不用其所短，而用愚人之所長；不用其所拙，而用愚人之所巧，故不困也。」藏己之短，發揮己長；用人所長，避其所短。這些大道理幾乎人人都知道，有幾人去力行實踐？

仔細審視那些成功立業的人，並非他們真有什麼通天本領，而是他們懂得運用那些「大道理」，聚集各種不同才能的人，發揮各方人才的優勢。有智慧的人也知道，世上不存在「完人」，人人都有優有缺，有長有短，只有「取長補短」，才能成就大事。

鬼谷子在此也提示了一個觀念，「故介蟲之捍也，必以堅厚。螫蟲之動也，必以毒螫。故禽獸知用其所長，而談者知用其用也。」即說，昆蟲禽獸都知道要用這些「大道理」，身為人怎能不知運用，而身為一個遊說工作者，不去運用所有這些手段，更是不應該！

【原典五】

故曰：「辭言（註一）五，曰病、曰恐、曰憂、曰怒、曰喜。」（註二）病者，感衰氣而不神也（註三）；恐者，腸絕而無主也（註四）；憂者，閉塞而不泄也（註五）；怒者，妄動而不治也（註六）；喜者，宣散而無要也（註七）。

此五者，精則用之（註八），利則行之（註九）。故與智者言，依於博（註十）；與博者言，依於辨（註十一）；與辨者言，依於要（註十二）；與貴者言，依於勢（註十三）；與富者言，依於豪（註十四）；與貧者言，依於利（註十五）；與賤者言，依於謙（註十六）；與勇者言，依於敢（註十七）；與愚者言，依於銳（註十八）。

此其術也，而人常反之（註十九）。是故與智者言，將此以明之（註二十）；與不智者言，將此以教之（註二一）；而甚難為也（註二二）。故言多類（註二三），事多變。故終日言，不失其類，故事不亂（註二四）。終日不變，而不失其主（註二五），故智貴不妄（註二六）。聽貴聰（註二七），智貴明（註二八），辭貴奇（註二九）。

註釋

註一 辭言：遊說辭令。

註二 病、恐、憂、怒、喜：五種不同性質的遊說辭令。

註三 病者，感衰氣而不神也：病，感受到氣色衰弱，而且沒有精神。

註四 恐者，腸絕而無主也：恐，極度傷心有如斷腸，又沒有主見。

註五 憂者，閉塞而不泄也：憂，閉塞壓抑，無法宣洩。

註六 怒者，妄動而不治也：怒，狂躁妄動，無法自制。

註七 喜者，宣散而無要也：喜，太過高興，以致任意發揮，而失去重點。

註八 精則用之：意說，精通了以上五種遊說辭令，就可以大加運用。

註九 利則行之：只要有利就去做。

註十 與智者言，依於博：和聰明的人談話，要依靠廣博的知識。

註十一 與博者言，依於辨：和知識廣博的人談話，就要依靠善辯的才能。

註十二　與辨者言，依於要：和善辯的人談話，要能把握簡明扼要。

註十三　與貴者言，依於勢：和地位高貴的人談話，就要使氣勢壯大。

註十四　與富者言，依於豪：和有錢人談話，要顯現出你的豪壯理想。

註十五　與貧者言，依於利：和窮人談話，要誘之以利。

註十六　與賤者言，依於謙：和卑賤的人談話，要依靠你謙敬的心。

註十七　與勇者言，依於敢：和勇敢的人說話，要表現出你也是一個勇敢的人。

註十八　與愚者言，依於銳：和愚昧的人談話，要依靠敏銳度。

註十九　人常反之：意說，人常錯用了方法。

註二十　與智者言，將此以明之：和聰明人談話，要讓他明白正確使用這些方法。

註二一　與不智者言，將此以教之：和不聰明的人談話，要把這些方法教給他。

註二二　甚難為也：做起來很困難。

註二三　言多類：遊說辭令有很多種類。

註二四 事不亂：事情不出亂子。
註二五 不失其主：不會違背宗旨。
註二六 智貴不妄：智慧貴在不妄加評論。
註二七 聽貴聰：對於聽覺，重在清楚。
註二八 智貴明：對於思維，重在邏輯分明。
註二九 辭貴奇：遊說言辭，重在出奇制勝。

文中舉出五種遊說辭令，應該也是舉例，因為面對每一個人的遊說方式必定不同。例如鬼谷子指出，與智者、博者、辨者、貴者、富者、貧者……等等，所要把握的態度和辭令運用都不一樣，都要從實戰中去體驗。

在官場、職場上，真實政治戰場則更複雜與多變，如「孔明舌戰東吳群雄」，如何控制場面？鬼谷子說：「言多類，事多變，故終日言，不失其類，故事不亂。終日不變，而不失其主，故智貴不妄。」在事態變化中，恪守原來的主旨，遵循既定的方針去說辯交談，才能控制場面，說服對方。

智者立身處世的可貴和高明處，在於自己的智識不迷妄，始終清楚明白自己在做什麼？俗言：「你有千條妙講，我有即定成規」。以不變應萬變，大約如是，你便能無往而不勝。

【原典六】

古之善用天下者（註一），必量天下之權（註二），而揣諸侯之情。量權不審（註三），不知強弱輕重之稱（註四）；揣情不審（註五），不知隱匿變化之動靜。

何謂量權？曰：「度於大小（註六），謀於眾寡（註七）。稱貨財有無之數，料人民多少、饒乏（註八），有餘不足幾何？辨地形之險易孰利孰害？謀慮孰長孰短？君臣之親疏，孰賢孰不肖？與賓客知睿孰少孰多？觀天時（註九）之禍福孰吉孰凶？諸侯之親孰用孰不用（註十）？百姓之心去就變化（註十一），孰安孰危？孰好孰憎？反側孰便孰知（註十二）？」如此者，是謂量權。

註釋

註一　善用天下者：意指，善於爭天下或統治天下的人。
註二　量天下之權：研究、衡量國際上各種力量之強弱。
註三　量權不審：意說，國際上各種強弱勢力，沒有徹底進行分析，研究、衡量。
註四　稱：同秤，天平。
註五　揣情不審：揣測諸侯實情不徹底。
註六　度於大小：衡量尺寸大小。
註七　謀於眾寡：謀劃的計策多少。
註八　饒乏：貧富。
註九　天時：此指適當的時機。
註十　諸侯之親孰用孰不用：君臣親疏關係，誰賢誰奸？誰可加以利用？誰不能利用？
註十一　百姓之心去就變化：民心向背的變化。
註十二　反側孰便孰知：預測叛亂，何處最容易發生？誰知道內情？

仔細審視鬼谷子這篇短文，再放眼看看目前二〇二二年的國際局勢，面臨三百年未有之大變局。中、美、歐、俄、印，乃至德、法、倭國等，那些當領導的，當謀士的，無不在國際上或明或暗的大展身手；「量天下之權，揣諸侯之情」，所做不外是鬼谷子所述之內容，不得不佩服鬼老，他是二千多年前的中國人，而那時西方的人類尚住在樹上吧！文明尚未開始！

就是不爭天下，現在有很多「國際問題研究專家」，各大國為能在國際上縱橫捭闔，也積極培養這類專家。身為這類專家，有機會在國際上為自己國家爭取一席之地，也必用心「量權」，孰安孰危？孰吉孰凶？

鬼谷子的「量權」，在《三國演義》體現得最精彩，碰巧現在的中、美、俄之「大國外交」模式，頗神似二十一世紀版的《新三國演義》。而各方「量權」的方式，似都以鬼谷子理論為指導原則，神乎！鬼乎！

第十章 謀術

【原典一】

為人凡謀有道（註一），必得其所因（註二），以求其情（註三）。審得其情（註四），乃立三儀（註五）。三儀者，曰上、曰中、曰下，參以立焉（註六），以生奇（註七）。奇不知其所擁（註八），始於古之所從（註九）。故鄭人之取玉（註十）也，必載司南之車（註十一），為其不惑也。

夫度材、量能、揣情者，亦事（註十二）之司南也。故同情而俱相親者（註十三），其俱成者也（註十四）。同欲而相疏者，其偏成者也（註十五）；同惡而相親者，其俱害者也（註十六）；同惡而相疏者，其偏害者也（註十七）。故相益則親（註十八），相損則疏，其數行也（註十九）。

此所以察同異之分（註二十），其類一也（註二一）。故牆壞於其隙，本毀於其節，斯蓋其分（註二二）也。故變生事（註二三），事生謀（註二四），謀生計（註二五），計生議（註二六），議生說（註二七），說生進（註二八），進生退（註二九），退生制（註三十），因以制於事（註三一）。故百事一道（註三二），而百度一數（註三三）也。

註釋

註一　為人凡謀有道：凡是為人籌劃計謀的人，都要遵循一定的法則。

註二　必得其所因：弄清楚事情的根本原因。

註三　求其情：探測出事情的真實情況。

註四　審得其情：透過分析、研究，得出事情原委。

註五　三儀：指天、地人，天在上，地在下，人在中。引伸，上智、中才、下愚三者。

註六　參以立焉：三者相互滲透。

註七　以生奇：從中悟到出奇制勝的方法。

註八　奇不知其所擁：奇計所向無敵。
註九　始於古之所從：從古到今都如是。
註十　鄭人之取玉：鄭國人入山採玉。
註十一　司南之車：指南針。
註十二　事：參考、借鑑。
註十三　同情而俱相親者：願望相同，又互相親密的人。
註十四　其俱成者也：相互合作，共同成功。
註十五　同欲而相疏者，其偏成者也：凡是欲望相同，但關係疏遠的，一部分人成功，也必然有部分人受傷害。
註十六　同惡而相親者，其俱害者也：同樣是存心不良的邪惡之人，關係又都很密切，因為目標相同，必然受到相同的損害。
註十七　同惡而相疏者，其偏害者也：同樣存心不良的邪惡之人，而關係疏遠，只會有部分的人會受到損害。
註十八　相益則親：人與人之間，可以相互帶來利益，關係就親近，可以和睦相處。

註十九　其數行也：這是有定數的事情。

註二十　察同異之分：要考察異同的原因。

註二一　其類一也：同是這類的事情，道理都一樣。

註二二　斯蓋其分：理所當然。

註二三　變生事：事情之所以發生變化，都是事物自身的漸變所引起，才又生出另一件事。

註二四　事生謀：事物又生於謀略。

註二五　謀生計：謀略生於計劃。

註二六　計生議：計劃生於議論。

註二七　議生說：議論生於遊說。

註二八　說生進：遊說生於進取。

註二九　進生退：進取生於退卻。

註三十　退生制：退卻生於控制。

註三一　因以制於事：事情由此得到控制。

註三二　百事一道：各種事物的道理是一致的。

註三三　百度一數：不論重覆多少次，都是有定數的。

世間存在的一切事物，事情的發生、變化到結果，都有一定的邏輯（因果、因緣），緣生的聚，緣散則滅，就是一種法則、規律。人生一切作為的成敗，都和這些法則、規律有密切關係。

所以鬼谷子說，「為人凡謀有道，必得其所因，以求其情。審得其情，乃立三儀。」為人籌劃謀略，可用於與政敵鬥，或用於爭天下、爭大位，是何等大事？亦存在著凶險。故須弄清楚背後所有真正的原因（若不徹底探測清楚，可能涉入險境，甚至被「賣」了。）

所有內情都清楚掌握了，「乃立三儀」，提出「上策」、「中策」、「下策」三種謀略。若三種相互參用，則「參以立焉，以生奇。奇不知其所擁，始於古之所從。」；從中悟出奇計制勝的方法，奇計都是所向無敵的，這是古今都如此，古今不變的道理。

這一節鬼谷子也警示，要和那一種人合作共事才能成功！和那一種人合作會帶來損傷！「同情而俱相親者，其俱成者也。同欲而相疏者，其偏成者也；同惡而相親者，其俱害者也；同惡而相疏者，其偏害者也。」這是一個警告，但會用人的智者，可「使愚、使貪」，到底如何用人？是選擇！也是藝術！更是智慧！

惟萬變不離其宗，「相益則親、相損則疏，其數行也。」這是人與人關係（不論何種關係），存在的基本道理。相互帶來利益，關係就親近，可以處得好；反之，相互帶來損害，就疏遠且難以相處。

這一小節尚有對「因果」有很細微的觀察，當事態發生變化，都有很細微的徵候，且有規律可循，非智者難以看得清楚。「故變生事，事生謀，謀生計，計生議，議生說，說生進，進生退，退生制，因以制於事。故百事一道，而百度一數也。」一個人對客觀世界的變化過程，都看得透了！看得清清楚楚，任何細微變化也逃不出他的「法眼」；這世界還有什麼人和事，不在他的手掌心上？

【原典二】

夫仁人輕貨（註一），不可誘以利，可使出費（註二）；勇士輕難（註三），不可懼以患（註四），可使據危（註五）；智者達於數（註六）、明於理，不可欺以誠（註七），可示之以道理，可使立功。

是三才（註八）也。故愚者易蔽也（註九），不肖者易懼也（註十），貪者易誘也，是因事而裁之（註十一）。故為強者，積於弱也（註十二）；為直者，積於曲（註十三）；有餘者，積於不足也（註十四）。此其道術行也（註十五）。

註釋

註一　仁人輕貨：仁人志士大多輕視錢財。

註二　可使出費：可以使他們捐出錢財。

註三　勇士輕難：勇士不太在乎危難。

註四　不可懼以患：不能用危險去恐嚇他。

註五　可使據危：可以讓他去鎮守危難之地。

註六　達於數：通達禮數。

註七　不可欺以誠：不可假意誠信去欺騙他。

註八　三才：智者、仁者、勇者。

註九　愚者易蔽也：愚者容易被蒙蔽。

註十　不肖者易懼也：不誠實的人容易被恐嚇。

註十一　因事而裁之：依據事情發展的不同狀況，做出正確的判斷，才進行巧妙的裁決，再謹慎的去推行實踐。

註十二　為強者，積於弱也：現在成為強大者，是過去許多的積弱而成。

註十三　為直者，積於曲：直來直往，由彎曲糾正而來。（此句語意不明）

註十四　有餘者，積於不足也：今之有餘，是過去許多不足積累而成。

註十五　此其道術行也：這是因為「道數」得到實行。

如果能得到智者、仁者、勇者，「三才」的支持和效勞，相信「成大功、立大業」，就是必然的事。鬼谷子指出三才之長與短處，避其短、用其長，方為成功之道。惟如何「使智、使仁、使勇」，實在是永久修不完的功課。

有「三才」，必有更多的「三不才」，愚者、不仁者、膽卻者。在人類社會的總人口中，三才稀少，而「三不才」為數眾多，如何運用這些品質較差的「人才」，鬼谷子也有所提示，如愚者便於蒙蔽他，貪者好誘惑他，凡是可用的，都是「人才」！

這篇短文比較不易理解的，如「為強者，積於弱也；為直者，積於曲；有餘者，積於不足也。」似乎在談「物極必反」的道理。例如，我心中偉大的祖國、我們的中國，能有今天之強大，是過去一百多年積弱而成。或從辯證思想解讀，弱者善用「軟實力」，也可以變得強大！

【原典三】

故外親而內疏者說內（註一），內親而外疏者說外（註二）。故因其疑以變之（註三），因其見以然之（註四），因其說以要之（註五），因其勢以成之（註六），因其惡以權之（註七），因其患以斥之（註八）。

摩而恐之（註九），高而動之（註十），微而證之（註十一），符而應之（註十二），擁而塞之（註十三），亂而惑之（註十四），是謂計謀。計謀之用，公不如私（註十五），私不如結（註十六），結而無隙（註十七）者也。

正不如奇（註十八），奇流而不止者也（註十九）。故說人主者（註二十），必與之言奇（註二一）；說人臣者（註二二），必與之言私（註二三）。

註釋

註一　外親而內疏者說內：外表看起來很親善，而實際上內心很疏離的人，要對他進行遊說，要從內心開始進行，突破他的心防。

註二　內親而外疏者說外：對於內心感受很親善，只是外表看起來比較冷淡的人，要對他進行遊說，要從外表給他風光表揚開始。

註三　因其疑以變之：依據事態發展出現的疑點，來改變自己遊說的內容。

註四　因其見以然之：依據對方表現出來的神情，判斷自己的遊說是否得法。

註五　因其說以要之：依據對方說出的言辭，歸納自己遊說的要點。

註六　因其勢以成之：依據事情發展的變化態勢，征服對方，達成遊說目的。

註七　因其惡以權之：依據對方可能造成的危害，權衡利弊評估。

註八　因其患以斥之：依據對方可能對未來造成的後患，研擬採取對策。

註九　摩而恐之：揣摩之後，加以威脅。

註十　高而動之：抬高之後，進行策動。

註十一　微而證之：削弱之後，加以扶正。

註十二　符而應之：符合之後，要有回應。

註十三　擁而塞之：擁塞之後，加以阻塞。

註十四　亂而惑之：故意攪亂，再加迷惑。

註十五　公不如私：計謀的運用，公開進行，不如秘密運作。

註十六　私不如結：秘密運作，不如結成堅固的同黨。

註十七　結而無隙：結成堅固的同黨，可以無懈可擊。

註十八　正不如奇：正規的策略，不如奇策有用。

註十九　奇流不止者也：奇策推行起來，可以無往不利。

註二十　說人主者：要向君主遊說的人。

註二一　必與之言奇：必向君主談論奇策。

註二二　說人臣者：向人臣進行遊說時。

註二三　必與之言私：意說，向人臣進行遊說時，必須圍繞著他切身利益有關的內容，這樣進行遊說才有好效果。

鬼谷子在此闡述了計謀可以順利的好辦法，「公不如私，私不如結，結而無隙者也。正不如奇，奇流而不止者也。」明白歷史發展的人就清楚，不光是我們中國的歷代政局，就是現代國內、國際政局，乃至商業競爭，都是「公不如私」，關鍵問題早已在台面下敲定了，表面上的公佈不過走個「合法」程序而已。

「摩而恐之，高而動之，微而證之。」遊說一些難纏的對象，例如，喜歡天天琢磨別人、唯恐得罪人的人，可以利用恐嚇手段對付他。自視很高的人，就先動搖他的「根」，貶低使他失去自信心；喜歡在微暗處搞小動作的人，就「證之」，說要把他見不得人的事公佈出來，他必嚇得俯首聽從！

我們常聽到「計謀、計謀」，何謂「計謀」？鬼谷子給出一個定義，「符而應之，擁而塞之，亂而惑之，是謂計謀。」前述註釋過於簡略，不易理解，也有多重詮釋。此處指針對特別對象（君主、高官、上級領導），進行遊說，第一步響應、附和，以取得信任；第二步阻斷、改變對象的想法，使其言聽計從；第三步迷惑對象心思，使其不知不覺按我計謀去發號施令。

【原典四】

其身內，其言外者疏（註一）；其身外，其言深者危（註二）。無以人之所不欲，而強之於人（註三）；無以人之所不知，而教之於人（註四）。

人之有好也，學而順之（註五）；人之有惡也，避而諱之（註六），故陰道而陽取（註七）也。

故去之者從之，從之者乘之（註八）。貌者不美（註九），又不惡（註十），故至情托焉（註十一）。可知者，可用也（註十二）；不可知者，謀者所不用也（註十三），故曰事貴制人（註十四），而不貴見制於人。制人者握權也，見制於人者制命也（註十五）。

故聖人之道陰（註十六），愚人之道陽（註十七）。智者事易（註十八），而不智者事難（註十九）。以此觀之，亡不可以為存（註二十），而危不可以為安（註二一），然而無為而貴智矣（註二二）；智用於眾人之所不能知（註二三），用於眾人之所不能見（註二四）。

既用見可（註二五），擇事而為之（註二六），所以自為（註二七）也；見不可，擇事而為之，所以為人（註二八）也。故先王之道陰，言有之（註二九）曰：「天地之化，在高與深；聖人之道，在隱與匿。非獨忠、信、仁、義也，中正而已（註三十）。」道理達於此（註三一）義者，則可與語（註三二）。由能得此（註三三），則可與遠近之義（註三四）。

註釋

註一　其身內，其言外者疏：是自己人，但說話都幫著外人，使自己不利，這樣子做關係就會變得很疏遠。

註二　其身外，其言深者危：只是一個外人，但言談之間露出太多很深入的內情，這樣就會使自己陷入危險。

註三　無以人之所不欲，而強之於人：不要刻意去強迫別人，做他所不願意做的事情。

註四　無以人之所不知，而教之於人：不要用別人所不知道的事，去說教別人。

註五　人之有好也，學而順之：如果對方有什麼愛好，要學著先去迎合他的興趣。（這是指在遊說的環境裡）

註六　人之有惡也，避而諱之：如果對方有什麼討厭的事，就要加以避諱，以免引起對方反感，導至遊說破局。

註七　陰道而陽取：隱密進行謀劃，公開進行奪取。

註八　去之者從之，從之者乘之：去，除掉；從，放縱；乘，利用。意說，想要除掉某人，就放縱他，等他犯錯就一舉消滅他。

註九　貌者不美：情緒不顯露於外表的人。

註十　又不惡：冷靜又不偏激。

註十一　至情托焉：感情深沉的人，適合託之以機密大事。

註十二　可知者，可用也：可以深入了解的人，可以大膽的重用他。

註十三　不可知者，謀者所不用也：無法深入了解的人，對他的一切也難以進一步探知，對於這樣的人，有智慧的人是不會用的。

註十四　事貴制人：掌握人重於掌握事。

註十五　制人者握權也，見制於人者制命也：能控制人的人，是手握大權的人；被人控制的人，命運也都掌握到別人的手上。

註十六　聖人之道陰：有智慧的人，籌謀事情的原則，都是隱而不露。

註十七　愚人之道陽：沒有智慧的人，籌謀事情的方法，就是大肆張揚。

註十八　智者事易：有智慧的人成事容易。

註十九　不智者事難：沒有智慧的人成事困難。

註二十　亡不可以為存：國家一旦滅亡了，就很難復興。

註二一　危不可以為安：國家一旦陷入動亂，就很難恢復安定。

註二二　然而無為而貴智：無為和智慧最重要。

註二三　智用於眾人之所不能知：智慧是要用在眾人所不知道的地方。

註二四　用於眾人之所不能見：用在眾人看不見的地方。

註二五　既用見可：施展智謀和才能後，證明是可行的。

註二六　擇事而為之：選擇適當時機開始進行。

註二七　自為：為了自己。

註二八　所以為人：為了別人。

註二九　言有之：自古以來有此說法。

註三十　中正而已：不偏不倚的正道而已。

註三一　道理達於此：徹底明白這種道理的真義。

註三二　可與語：可與人交流交談。

註三三　由能得此：雙方談得投機，各有所得。

註三四　可與遠近之義：目前的關係，可以長遠發展下去。

人與人的關係極為微妙，不僅身為一個「遊說工作者」，永遠必須去參悟的命題，對每個人而言，都是一生修不完的功課。誠如鬼谷子言：「其身內，其言外者疏；其身外，其言深者危。」自己人為何幫外人說話？外人為何陷於險境？這是官場人際關係的微妙和可怕！

「聖人之道陰，愚人之道陽」，是高深的智慧之言，有智慧的人外軟內硬，暗用功夫；愚人外硬內軟，到處張揚，便見光而死。所以智者處世是隱藏的，愚者處世是顯露的，一成一敗，差別很大。

「人之有好也，學而順之；人之有惡也，避而諱之。」也是一個很基本的道理，一個對人情世故有點常識的，也會這樣做。但放到官場、職場、國際，要進行說服，對人性則要有更深的理解，才能把握的洽到好處。

第十一章 決術

【原典一】

為人凡決物（註一），必托於疑者（註二），善其用福（註三），惡其有患（註四），善至於誘也（註五），終無惑（註六）。偏有利焉（註七），去其利則不受也（註八），奇（註九）之所托（註十）。若有利於善者（註十一），隱托於惡（註十二），則不受矣，致疏遠。故其有使失利（註十三）、有使離（註十四）害者，此事之失（註十五）。

註釋

註一 為人凡決物：為別人決斷事情。

註二　必托於疑者：都是受託於有疑難雜症的人。

註三　善用其福：人都希望對自己有利的事情。

註四　惡其有患：討厭對自己不利的事情。

註五　善至於誘也：有利才有誘因。

註六　終無惑：最終排除疑惑。

註七　偏有利焉：意說，在為人做決斷時，如果提出的方案只對一方有利，另一方不利。

註八　去其利則不受也：不利的一方不接受。

註九　奇：奇計。

註十　托：憑藉。

註十一　若有利於善者：意說，進行任何人事決斷，本來應該就是要有利於決斷者。

註十二　隱托於惡：如果隱藏著不利因素。

註十三　有使失利：對為人決斷的人不利。

註十四　離：古通罹，遭受。

註十五 此事之失：意說，決斷失誤。

鬼谷子在此指出一個兩難問題，「偏有利焉，去其利則不受也，奇之所托。」任何決斷（或決策），只對一方有利，另一方不利，則不利方定然不接受，因為失去平衡基礎（雙方得利才平衡）。不論為人決斷事情，或為君主（執政者）定下決策，都要在「利」字上追求平衡點，才是安全的。

不論古今，身為一個「遊說工作者」，面對任何角色，「用利」始終是最強大的工具。如果對象可說服，可為我所用，利誘最能動人。如果對象不可說服，難為我用，則以「不利」動之，提醒（威脅）對方，不利可能帶來的危險，也許就有了「突破口」。

【原典二】

聖人所以能成其事者有五：有以陽德之者（註一），有以陰賊之（註二）者，有以信誠之者，有以蔽匿之者（註三），有以平素之者（註四）。

陽勵於一言（註五），陰勵於二言（註六），平素、樞機（註七）以用；四者（註八）微而施之（註九）。

於是，度以往事（註十），驗之來事（註十一），參之平素（註十二），可則決之；公王大人之事也，危（註十三）而美名者，可則決之；不用費力而易成者，可則決之；用力犯勤苦（註十四），然而不得已而為之者，可則決之；去患者，可則決之；從福（註十五）者，可則決之。

故夫決情（註十六）定疑（註十七）萬事之機（註十八），以正治亂（註十九）、決成敗（註二十），難為者。故先王乃用蓍龜（註二一）者，以自決（註二二）。

註釋

註一　以陽德之者：用陽道（公開的方法）來感化。

註二　以陰賊之者：用陰道（隱匿的方法）來懲治。

註三　以蔽匿之者：用掩護、庇護來成事。

註四　以平素之者：用平時、平常的自然成事。

註五 一言：始終、守常如一。
註六 二言：事物對立的兩面。
註七 樞機：關鍵。
註八 四者：指：一言、二言、平素、樞機。
註九 微而施之：謹慎行事。
註十 度以往事：要推測過去的事。
註十一 驗之來事：驗證未來要發生的事。
註十二 參之平素：參考日常生活中的事。
註十三 危：此崇高之意。
註十四 用力犯勤苦：費力氣又辛苦。
註十五 從福：實現幸福。
註十六 決情：解決事情。
註十七 定疑：確定疑難。
註十八 機：關鍵。
註十九 治亂：肅清動亂。

註二十　決成敗：預知成敗。

註二一　蓍龜：蓍，一種多年生草本植物；龜，龜甲。都是古代占卜工具。

註二二　自決：此處意說，那些以人的智慧做起來仍難為之事，難以決之，就由蓍龜來做決定，就是「自決」。似意說，「自然決定、自然解決」。

有些人做什麼事都失敗，有些人做什麼事都成功。這是讓很多人陷入思考的問題，為何？鬼谷子給的答案是「智慧」，「聖人所以能成其事者有五」。此處聖人指有智慧的人，五個原因只是舉例，成功之道只給願意學習的人，只有苦思、學習，可以得到智慧。

人之一生，幾乎無時無刻不在做「決定與選擇」。「故夫決情定疑萬事之機」，一切的決策都離不開事情存在的因果關係，把握因果規律，「度以往事、驗之來事、參之平素」。做好這門功課，才能做出正確的決斷。

第十二章　符　言

【原典一】

安、徐、正、靜，其柔節（註一）先定（註二）。善予而不爭（註三）、虛心平意（註四），以待傾（註五）。右主位（註六）。

註釋

註一　柔節：順利又有節度。

註二　先定：前面的條件都俱備。

註三　善予而不爭：願意給予，也與世無爭。

註四　虛心平意：內心謙虛，意念開朗。

註五　以待傾：以備傾覆，居安思危之意。

註六　右主位：上面講君主善守其位。

符言，講的是統治者的執政原則。符，也是符契、符節之意，此處指言詞和事實如符契一樣吻合。另有一說，「符言」乃是「陰符之言」的簡稱。

在我們中國歷史上，最理想的統治方式（政治思想），正是「無為而治」，如鬼谷子所言：「安、徐、正、靜，其柔節先定。善予而不爭。」惟如此美好的政治，只存在堯、舜、禹三代，以後大約是儒、法、道和鬼谷子等各家思想為主流或次流。

【原典二】

目貴明（註一），耳貴聰（註二），心貴智（註三）。以天下之目視者（註四），則無不見；以天下之耳聽者，則無不聞；以天下之心慮者（註五），則無不知。輻輳（註六）並進，則明不可塞（註七）。右主明（註八）。

註釋

註一 目貴明：對眼睛來說，最重要是看得清楚明白。

註二 耳貴聰：對耳朵來說，最重要就是靈敏度，才能聽到各種聲音（意見）。

註三 心貴智：對心靈來說，最重要就是培養智慧，才能對一切事情有正確的判斷。

註四 以天下之目視者：用全天下人的眼睛，去觀看一切事情。即今所謂的「世界觀」。

註五 以天下之心慮者：用全天下人的心思，去思考一切事情。即以天下民心同心，以天下人心為己心之意。

註六 輻輳：車輻條集輳於轂上。形容天下民心，都可以團結在君主之下。

註七 明不可塞：明察一切，無可阻塞。

註八 右主明：前面所述，是身為一個君主（領導者），在「明」上所要下功夫並俱備的最高水平。

這裡闡述一國之領導，乃至有志爭天下，成為全天下之領導者，必須俱備最高標準的智慧能力。「以天下之目視、以天下之耳聽、以天下之心慮」，即現代所謂「世界觀」，這是一種理想狀態，實際上很難達到，除了上古中國的仁君聖者時代。

不談理想狀態，古今社會的共通性就是「江湖」，不論任何時代，社會都有其江湖性。「目貴明、耳貴聰、心貴智」，都是人在江湖的生存重要法則。所謂「不打啞、不打聾，只打不長眼」，不論何人？如果「目不明、耳不聰、心無智」，大約就是「死得快」！

【原典三】

聽之術（註一）曰：「勿望而許之（註二），勿望而拒之（註三）。」許之則防守（註四），拒之則閉塞（註五）。高山仰之可極（註六），深淵度之可測。神明之位術（註七），正靜其莫之極（註八）歟！右主聽（註九）。

註釋

註一 聽之術：聽取情況的方法。

註二 勿望而許之：不要只在老遠看見，（還沒有聽清楚），就答應了！

註三 勿望而拒之：也不要老遠看見了就拒絕。

註四 許之則防守：這句語意不明。可能意指，聽取他人意見，可使自己多一層保護；或指，任意聽信他人之言，可能有危險，所以要「防守」。

註五 拒之則閉塞：拒絕進言，使自己閉塞。

註六 極：指山之頂。

註七 神明之位術：指神明的內心世界。

註八 莫之極：不可測量。

註九 右主聽：前面講虛心聽取建言。

聽有聽的方法（技巧），這是「鬼谷之學」的深入和特別處，但也警示有些是永遠聽不出真意的。「高山仰之可極，深淵度之可測。神明之位術，正靜其莫之極歟！」此處的「神明」，可能指很高智慧或城府很深的人，讓人永遠看不透！

【原典四】

用賞貴信，用刑貴必。刑賞信必，驗（註一）於耳目之所見聞。其所不見聞者，莫不暗化矣（註二）。誠暢於天下神明（註三），而況奸者干君（註四）。右主賞（註五）。

註釋

註一　驗：驗證，以明真相。

註二　其所不見聞者，莫不暗化矣：意說，對於那些沒有親眼看到和親耳聽到賞罰的人，也會產生潛移默化的作用。

註三　誠暢於天下神明：意說，身為一個君主，如果他的誠信可以通達於天下各處，那麼就連神明也都會一起來保護他。

註四　而況奸者干君：何懼奸邪之徒來犯君主！

註五　右主賞：前面講的是賞罰必信的事。

「賞罰必信」，不光是身為君主重要的統御工具。就是任何時代身為一個團體的領導者，乃至一個學校的老師，上對下的領導、管理，都是重要且好用的工具。

賞罰分明，對軍隊特別重要，古代治軍將領無不重視賞罰手段的運用，以養成「軍令如山」、「軍中無戲言」的觀念。或說賞罰就是一個上位者的管理手段，「賞罰不明，百事不成，賞罰若明，四方可行。」

【原典五】

一曰天之（註一），二曰地之（註二），三曰人之（註三）。四方，上下、左右、前後，熒惑（註四）之處安在？右主問（註五）。

註釋

註一　一曰天之：一叫作天時。

註二　二曰地之：二叫作地利。

註三　三曰人之：三叫作人和。

註四　熒惑：古代稱火星熒惑。此處指，不清楚、不明白，有疑惑的地方。

註五　右主問：前面講的是要多方諮詢、追問之範疇。

一國之事千頭萬緒，現代一個集團亦大如國家，雖有層層百官，但最高領導只有一個，如同古代君主。身為領導者，他所要關心（諮詢、追問）的是什麼？鬼谷子已經把握到管理學、領導學之要領，化繁為簡，把握全面。「一曰天之，二曰地之，三曰人之。四方、上下、左右、前後，熒惑之處安在？」天時那裡不對？地利何處有錯？人和那裡不好？四方八面那裡還有疑惑？這種諮詢、追問，可放之四海皆能用！

【原典六】

心為九竅（註一）之治（註二），君（註三）為五官（註四）之長。為善者君與之賞，為非者君與之罰。君因其所以來（註五），因而與之（註六），則不勞（註七）。聖人用之（註八），故能掌之（註九）。因之循理（註十），固能久長（註十一）。右主因（註十二）。

註釋

註一 九竅：人體上共有九個小穴，各有不同功能。口、兩耳、兩眼、兩鼻孔、兩便孔，稱「九竅」。若扣除二便孔，就是一般常說的「七竅」。

註二 治：統治也。

註三 君：指君主。

註四 五官：古代指：司徒、司馬、司空、司士、司寇，歷代有很大的改變，功能也都不同，此指文武百官。

註五 君因其所以來：君主依據百官表現來任用。

註六 因而與之：依據實際政績給予獎賞。

註七 不勞：不勞民傷財。

註八 聖人用之：意說，有智慧的人，深知用人之奧妙。

註九 故能掌之：因此能夠很好的掌握百官。

註十　因之循理：遵行一定的規律。

註十一　久長：長治久安。

註十二　右主因：以上講的是遵循規律道理。

「心為九竅之治，君為五官之長。」這是一個比喻，以啟發人們思考，面對紛雜煩亂的客觀世界，如何把握事物變化的因果關係（規律）？掌握了這些規律，不僅可以處理好現在的問題，更可預測未來，預做準備。

有智慧的人，知道其中微妙法門，「聖人用之，故能掌之。因之循理，固能久長。」此種「微妙法門」，其實就存在人們的基本需求中，「苦思」必能有所悟！

【原典七】

人主不可不周（註一）；人主不周，則群臣生亂。寂乎（註二）其無常（註三）也，內外不通（註四），安知所開（註五）？開閉不善（註六），不見原也（註七）。右主周（註八）。

註釋

註一 人主不可不周：身為一個國家的領導者，必須廣泛知道世間一切道理。

註二 寂乎：形容很安靜，沒有任何聲音。

註三 無常：反常、不正常。

註四 內外不通：意指，君主或統治階層，與外界的溝通訊息，被阻塞而不通了！

註五 安知所開：那裡能知外界的變化！

註六 開閉不善：開放和封閉不良。

註七 不見原也：無法看見事物的真相。

註八 右主周：前面講的是要通達一切事理。

照理說，聖人也不可能知道一切，無法達到所謂「全知」的境界那為何要求人主（國家領導者），要能知道世間一切道理？就是萬事萬物的規律？

萬事萬物的規律是什麼？例如，愛因斯坦把宇宙萬象化成一個公式：「$E=MC^2$」；而佛法也把宇宙萬物變化發展，用「緣起法」解釋，包含一切人事都是因緣和合的一時現象，即「緣生則聚、緣散則滅」。

我們中國人的常民習慣說，「隨緣！隨緣！」簡單兩個字，就包含了世間一切道理。人世間一切變化的因果關係盡在其中，能善加把握的便是智者。

【原典八】

一曰長目（註一），二曰飛耳（註二），三曰樹明（註三）。千里之外，隱微之中，是謂「洞」（註四）。天下奸莫不諳變更（註五）。右主恭（註六）。

註釋

註一　長目：眼睛能看得很遠，如千里眼。

註二　飛耳：耳朵能聽到很遠的聲音，如順風耳。

註三　樹明：明察一切事物的能力。

註四　洞：洞察。

註五 天下奸莫不諳變更：意說，人主能洞察一切，天底下那些奸惡小人之徒，不得不悄悄地把他們的壞主意，全都收斂起來。

註六 右主恭：前面講到是恭謹的態度。

所謂「長目、飛耳、樹明」，並非說身為國家領導者，什麼事都要「自己去看、聽」，才能知道一切事之真相。「事必躬親」不是最佳的領導統御術，此處所述，是說身為人主（領導），必須有的恭謹態度，才能展現洞察一切的智慧高度。

從古今中外的數千年歷史發展，也看到一個現象，「明君」在位，比較有「長目、飛耳、樹明」的高度，較少奸臣作亂；而「昏君」在位，則因「短視、耳塞、不明」，於是奸臣乘機作亂，給人民帶來苦難。

【原典九】

循名而為（註一），按實而定（註二），名實相生（註三），反相為情（註四）。名實當則治，不當則亂。實生於德（註五），德生於理（註六），理生於智（註七），智生於當（註八），右主名（註九）。

註釋

註一 循名而為：符合名分的作為。
註二 按實而定：依據實際情形決定名分。
註三 名實相生：名分和實際，互為產生的條件。
註四 反相為情：反過來又互相表現。
註五 實生於德：實際從意願中產生。
註六 德生於理：意願從分析中產生。
註七 理生於智：分析從智慧中產生。
註八 智生於當：智慧就產生於適當。

註九 右主名：前面講的是名實相符。

「名、實」如何相符？是古今一切有組織之團體中，須要嚴加考核的共同問題。「名實當則治，不當則亂」，任何組織都希望治理的很好，而不希望動亂，大家安全正常生活，這是基本人性需要。

鬼谷子指出「名」和「實」的關係，「循名而為，按實而定，名實相生，反相為情。」也就是名實是一體的兩面，好壞都互為因果關係。

第十三章 本經陰符

【原典一】

盛神（註一）法五龍（註二）。盛神中有五氣（註三），神為之長（註四），心為之舍（註五），德為之人（註六）。養神之所，歸諸道。道者，天地之始。一其紀也（註七）。物之所造，天之所生（註八）。包宏無形化氣，先天地而成（註九）。莫見其形，莫知其名，謂之「神靈」。

故道者，神明之源，一其化端（註十）。是以德養五氣，心能得一（註十一），乃有其術。術者，心氣之道所由（註十二）；舍者，神乃為之使。九竅、十二舍（註十三）者，氣之門戶，心之總（註十四）攝（註十五）也。生受之天（註十六），謂之真人。

真人者，與天為一（註十七）。而知之者，內修煉而知之，謂之聖人。聖人者，以類（註十八）知之。故人與生一（註十九），出於化物（註二十）。知類在竅（註二一），有所疑惑，通於心術，術必有不通（註二二）。其通也，五氣得養，務在舍神（註二三）。此之謂化。化有五氣（註二四）者：志也、思也、神也、心也、德也，神其一長也（註二五）。靜和者養氣，養氣得其和。四者不衰，四邊威勢（註二六），無不為（註二七），存而舍之（註二八），是謂神化歸於身，謂之真人。

真人者，同天而合道，執一（註二九）而養產萬類，懷天心、施德養，無為以包志慮、思意，而行威勢者也（註三十）。士者，通達之，神盛乃能養志（註三一）。

註釋

註一　盛神：指人的意識和精神旺盛。

註二　五龍：五行中的龍，五行是：金、木、水、火、土，萬物構成之基本元素，龍是中國古代象徵之神獸，暗示有超人之能力。

註三 五氣：指心、肝、脾、肺、腎五臟之氣。
註四 神為之長：意說，精神是五氣的統帥。
註五 心為之舍：心靈是五氣的住所。
註六 德為之人：品德是精神在人身上的表現。
註七 一其紀也：意指，天地的紀綱。
註八 物之所造，天之所生：意說，創造萬物的地方，就是「天」產生的地方。
註九 包宏無形化氣，先天地而成：化育萬物的氣，在天地形成之前，這種無形的氣，就已經早已形成存在。
註十 化端：變化的開始。
註十一 德養五氣，心能得一：品德足可養五氣，而心又可總攬五氣。
註十二 術者，心氣之道所由：「術」所指，是心氣的通道，是魂魄的使者。
註十三 十二舍：指目、耳、鼻、舌、身、意、色、聲、香、味、觸、事。
註十四 總：聚合、統領。
註十五 攝：提起、執持。

註十六　生受之天：從上天獲得生命的人。

註十七　與天為一：與天（自然）融為一體。

註十八　類：種類。

註十九　人與生一：人和萬物同時生成。

註二十　出於化物：都是事物變化的結果。

註二一　知類在竅：人之所以能夠依類而推，可以有了解一切事物的基本原理、規律，都是因為有九竅的作用。

註二二　有所疑惑，通於心術，術必有不通：意說，如果對事物有所疑惑的地方，要設法去排除，若是仍有不通，就是使用方法不當。

註二三　舍神：使魂魄停止；或把精神留住。

註二四　五氣：此指志、思、神、心、德五者。

註二五　神其一長也：神是五氣的統帥。

註二六　四邊威勢：四周都不構成威脅。

註二七　無不為：意指以「無為」處之。

註二八　舍之：住在這裡。

註二九　執一：專心、專一也。

註三十　行威勢：施展神威。

註三一　神盛乃能養志：心神旺盛，可以培養志氣。

〈本經陰符〉七篇，是鬼谷子另一著作，收在本章的七個原典，集中講述養神蓄銳之道。其第一篇可視為鬼谷子的「本體論」，後六篇可視為「方法論」；或前三篇說明如何充實意志，涵養精神，後四篇講內在精神如何用於外，如何以內在心神處理外在事物。

「本經」是指基本經典，「陰符」指的是主觀謀劃和客觀事實如符契般吻合。〈盛神法五龍〉一文，除了如鬼谷子的「本體論」，也像鬼谷版的「緣起法」，「人與生一，出於化物」，人和萬物的形成都是事物變化的結果。也就是宇宙萬物人事等，都是「因緣和合」於一時的結果，緣聚則生，緣散則滅，無止境的變化！

五龍、五氣、十二舍的比喻，主要在引申到人生的實用論，闡揚積蓄力量之神妙，「盛神」就是積極努力，積蓄「內力」的過程。必須內力修煉到一個高峰，便可相機出擊，銳不可當，一舉而功成。

【原典二】

養志（註一）法靈龜（註二）。養志者，則心氣（註三）之思不達（註四）也。有所欲，志存而思之。志者，欲之使也（註五）。欲多則心散，心散則志衰，志衰則思不達也。故心氣一（註六）則欲不偟（註七），欲不偟則志意不衰，志意不衰則思理達矣。

理達則和通（註八），和通則亂氣不煩於胸中（註九）。故內以養志（註十），外以知人；養志則心通矣，知人則分職明矣（註十一）。將欲用之於人（註十二），必先知其養志氣（註十三）。知人氣盛衰，而養其氣志（註十四）；察其所安，以知其所能（註十五）。

志不養，心氣不固；心氣不固，則思慮不達；思慮不達，則志意不實（註十六）；志意不實，則應對不猛（註十七）；應對不猛，則志失而心氣虛；志失而心氣虛，則喪其神矣；神喪則彷彿（註十八），彷彿則參會不一（註十九）。

養志之始（註二十），務在安己（註二一）；己安則志意實堅；志意實堅則威勢不分（註二二）。神明（註二三）常固守（註二四），乃能分之（註二五）。

註釋

註一 養志：培養志向、志氣。

註二 靈龜：古代用來占卜的龜。

註三 心氣：此指思慮、思想、思維。

註四 心氣之思不達：意指，思想的運作不通達，有很多阻塞或疑惑等。

註五 志者，欲之使也：心志，不過是欲望的使者。

註六 心氣一：心神專一。

註七 偟：徬徨，徘徊不定。

註八 理達則和通：思想脈絡暢通，就能心氣和順。

註九 不煩於胸中：心中不積鬱卒之氣。

註十 內以養志：對自己的自我要求，以修養自己的五氣為首要。

註十一 分職明矣：知人善任。

註十二 將欲用之於人：如果將要重用一個人。

註十三 必先知其養志氣：先知道他是怎樣培養心志的！

註十四 知人氣盛衰，而養其氣志：意說，只有先了解一個人的五氣和心志之盛衰，才能繼續培養他的五氣和心志。

註十五 察其所安，以知其所能：觀察他的心志是否安定，就可以了解他有多少才能。

註十六 志意不實：意志不堅定。

註十七 應對不猛：應對外界的能力不強。

註十八 彷彿：恍惚、似是而非的狀態。

註十九 參會不一：此指意志、心氣、精神三者的交流協調，不能一致，即錯亂也。

註二十 養志之始：養志之首要。

註二一 安己：欲望減少，心神安定。

註二二 威勢不分：威勢不會分散掉。

註二三　神明：此指精神。

註二四　固守：不會渙散。

註二五　乃能分之：分散對手的威勢。

欲望是人的本能，人不可能達到完全「無欲」的境界。但欲望也是培養志向的「溫牀」，有了欲望必開始「起心動念」，於是出現了想法。進而企圖將這想法實現，這就有了「志向」，設訂「目標」要努力完成。

有時人的欲望太多，出現多個想法，形成多個志向，便導至心力分散，阻力增加而使人意志消沉。於是距離志向又越來越遠，終於加入了「失敗組」，所以人的欲望很可怪，有無多少很難把握。

人貴能控制欲望，如果能做到「無欲」則剛，就可以心力集中，使意志堅定，指向單一志向和目標，就容易成為「成功組」；如果純悴無欲，不去設訂人生志向和目標，更不爭名利權勢，成為大自然中的隱者，也是快活人生。隱者（如鬼谷子），也是人生的志向和目標。

但絕大多數人對人生有更大企圖，想要做大事業，爭名爭利爭權，這就必然要和許多別人發生關係。必須利用他人，就必須了解他人，了解他人培養心志的途徑，才能確定他是否真有能力（或可以合作）。而那些五氣不定，欲望分散，意志薄弱的人，通常無法成事，因為他的心、志、神三者不協調，這樣的人無法承擔重任。

【原典三】

實意（註一）法螣蛇（註二）。實意者，氣之慮也（註三）。心欲安靜，慮欲深遠；心安靜則神明榮（註四），慮深遠則計謀成；神明榮則志不可亂，計謀成則功不可間（註五）。意慮定則心遂安（註六），心遂安則所行不錯（註七），神者得則凝（註八）。

識氣寄（註九），奸邪得而倚之（註十），詐謀得而惑之（註十一），言無由心矣（註十二）。故信心術（註十三），守真一而不化（註十四），待人意慮之交會（註十五），聽之候之也（註十六）。計謀者，存亡樞機（註十七）。慮不會（註十八），則聽不審（註十九），候之不得（註二十）。

計謀失矣，則意無所信（註二一），虛而無實（註二二）。故計謀之慮務在實意，實意必從心術始。無為而求安靜，五臟和通六腑（註二三）。精神魂魄固守不動（註二四），乃能內視（註二五）、反聽（註二六）、定志。

思之太虛，待神往來（註二七），以觀天地開閉（註二八），知萬物所造化（註二九），見陰陽之終始，原人事之政理（註三十）。不出戶而知天下，不窺牖（註三一）而見天道。不見而命（註三二），不行而至（註三三），是謂「道」。知以通神明（註三四），應於無方（註三五）而神宿（註三六）矣。

註釋

註一　實意：意志堅定。

註二　螣蛇：古代傳說中的神蛇，能在天空飛舞。

註三　氣之慮也：意指，要在五氣和思想上下功夫。

註四　神明榮：精神旺盛。

註五　功不可間：功業不可抹殺。

註六　意慮定則心遂安：意志和思慮能安定，心情就能安靜詳和。

註七　所行不錯：作為不會有差錯。

註八　神者得則凝：精神就能寧靜。

註九　識氣寄：意說，如果人的膽識和心氣，只是暫時存寄才有，不是始終都有！

註十　奸邪得而倚之：奸邪乘機而入。

註十一　詐謀得而惑之：陰謀乘機進行，迷惑人心。

註十二　言無由心矣：所說的話，不是經過用心思考的。

註十三　信心術：堅信心術誠明的方法。

註十四　守真一而不化：信守純真，始終如一。

註十五　待人意慮之交會：靜靜的等待，意志和思慮進行交會融和。

註十六　聽之候之也：聽候時機的到來。

註十七　樞機：關鍵。

註十八　慮不會：意指，思慮和意志不通。

註十九　聽不審：所聽到的事情不明確。

註二十　候之不得：就算等候，機會也不會到來。

註二一　計謀失矣，則意無所信：計謀失去了作用，意志也沒了依靠（即意志也渙散了），使一切都白做工。

註二二　虛而無實：意說，計謀成了虛幻不實的東西。

註二三　六腑：指膽、胃、膀胱、小腸、大腸、三焦（舌的下部沿胸腔至腹腔的部分）。另依《難經》：「上焦在胃上口，主內而不出；中焦在胃中脘，主腐熟水穀；下焦在膀胱上口，主出而不內。」焦亦作膲，其上、中、下三者，稱「三焦」。

註二四　固守不動：不為外界所動。

註二五　內視：自我反省、檢視。

註二六　反聽：聽取外界訊息。

註二七　待神往來：等待時機和神仙往來。

註二八　觀天地開閉：觀察開天闢地的規律。

註二九　知萬物所造化：了解大自然萬事萬物演變的過程。

註三十　原人事之政理：探索治國安邦的道理。

註三一　牖：窗戶。
註三二　不見而命：沒有看到民眾就發出命令。
註三三　不行而至：不須推行政令，天下就得以大治。
註三四　知以通神明：能和神明交往。
註三五　應於無方：與無限的世界，相互應和交流
註三六　神宿：神明留住在心中。

人的精神修養，要達到「定靜安慮得」，是很不容易的，從初步的「安靜」到凡事思慮深遠，安靜就是一個基本功。所以鬼谷子說：「心安靜則神明榮，慮深遠則計謀成。」越是做大事的人，越需要冷靜，光看「冷靜」功夫，就知道是不是「高手」！

冷靜使得心志不亂，意志得以堅定，對於一個做大事或主持國之大事的人，這便是「存亡樞機」；反之，心志散亂，「識氣寄，奸邪得而倚之，詐謀得而惑之，言無由心矣。」終於導至「慮不會、聽不審、候之不得、計謀失」，不論個人或國家，只有走上衰敗了！

鬼谷子精神修煉的最高境界，能「內視、反聽、定志，思之太虛，待神往來」，能與神仙往來，這是形容人與自然融合為一，也就是所謂「天人合一」。

不論何人？修煉到了「天人合一」境界，「不出戶而知天下，不窺牖而見天道。不見而命，不行而至」，乃至「知以通神明，應於無方而神宿矣。」這是何等智慧的人？而這些神明一般的功夫，都從「安靜」二字開始，所以不要小看了「安靜」以為容易。許多人一生心不安，靜不下來，一輩子在十字路口迷惑，甚至自己不知道自己「到底是誰？」悲哀啊！

每個人活在世上，多少有自己的理想，要完成自己心中的事業，就得「實意法騰蛇。實意者，氣之慮也。心欲安靜，慮欲深遠。」心靜、志堅，一心一意，堅定信念去努力，神明亦來助你，何事不成？

【原典四】

分威（註一）法伏熊（註二）。分威者，神之覆（註三）也。故靜固志意（註四），神歸其舍（註五），則威覆盛矣（註六）。威覆盛，則內實堅（註

七）；內實堅，則莫當（註八）；莫當，則能以分人之威（註九），而動其勢（註十），如其天（註十一）。

以實取虛，以有取無，若以鎰稱銖（註十二）。故動者必隨（註十三），唱者必和（註十四），撓其一指，觀其餘次（註十五），動變見形，無能間者（註十六）。審於唱和（註十七），以間見間（註十八），動變明（註十九），而威可分（註二十）。

將欲動變（註二一），必先養志，伏意以視間（註二二）。知其固實者（註二三），自養也（註二四）。讓己者（註二五），養人也（註二六）。故神存兵亡（註二七），乃為之形勢（註二八）。

註釋

註一　分威：把威風（威勢），潛藏起來。

註二　伏態：正準備要對別的動物，發起襲擊的態，首先要把身體伏在地上，以免被對方發現，然後等待好時機採取行動，一舉而功成。

註三　覆：遮蓋、潛藏；神之覆，把神威藏起來。

註四　靜固志意：平心靜氣，堅定志向。

註五　神歸其舍：使精神回到自己心中；即有身心靈一體之意，人之精神集中，不會渙散。

註六　威覆盛矣：把威勢潛藏起來，力量更加強勁。

註七　內實堅：內心更加堅定。

註八　莫當：所向無敵。

註九　能以分人之威：分散隱伏威勢，使力道更強勁；或可另解，能分散對方的威勢。

註十　動其勢：啟動、壯大自己的形勢。

註十一　如其天：像天一樣壯闊。

註十二　以鎰稱銖：古代兵法常用的用兵比喻、形容。以現代軍語說，即集中絕對優勢兵力，指向敵人最虛弱之部位，一舉而全殲敵人。

《孫子兵法》〈軍形篇第四〉，「故勝兵若以鎰稱銖，敗兵若以銖稱鎰。」「鎰」，古度量衡之名，約等二十兩；「銖」者，為一兩之廿四分之一，相差四百八十倍，言其輕重之懸殊也。用此比喻敵我之爭，即可如鬼谷子所言：「以實取虛、以有取無」。

註十三　動者必隨：只要有行動，必有追隨者。

註十四　唱者必和：只要吶喊，就有人附和。

註十五　撓其一指，觀其餘次：只要彎曲一根指頭，就可以觀察其他指頭的活動；或喻一葉知秋，或喻內部團結。

註十六　動變見形，無能間者：意說，只要看各指頭活動，說明外人不能離開他們；或形容只要內部團結，外部勢力便無從介入。

註十七　審於唱和：了解附和的道理。

註十八　以間見間：用離間的方法，離間敵對陣營。

註十九　動變明：對於各方行動、變化，看的很清楚。

註二十　威可分：分散對方威勢，使其曝露弱點。

註二一　將欲動變：將要有所行動。

註二二　伏意以視間：意說，把自己的實力潛藏起來，暗中觀察對方的漏洞。

註二三　知其固實者：意志堅定的人。

註二四 自養：能自己培養精神氣勢。

註二五 讓己者：謙虛的人。

註二六 養人：替別人培養精神氣勢。

註二七 神存兵亡：設法使雙方精神交流下去，使武力戰得以化解；或可解，雙方增加互信了解，避免戰爭。

註二八 為之形勢：所要實現的形勢，即創造免於戰爭，實現和平的形勢。

「分威」，對己是把自己的實力、威勢潛藏起來，使對手看不出動靜，即《易經》上「潛龍勿用」之意。用現代我們中國的大政治家、大改革家，鄧小平同志說即「不要太早把頭伸出來」，在「強起來」之前，頭要低低且要藏好；到了大智慧者習近平同志，吾國已然崛起，已經強起來了，美帝開始慌了，以「一帶一路」將西方邪惡反中勢力「分威」。

所以「分威」的另一個策略運用，就分化、裂解敵對陣營的勢力。就像現在我們中國在習近平領導下，以強大的國力，分化歐盟，離間五眼聯盟，瓦解美西方邪惡的反中勢力，此在二○二二年十一月印尼「G20」看得很清楚。在二千多年前，鬼谷子就有這種戰略指導，鬼谷子真乃神人啊！

在戰略運用上，鬼谷子提到「以實取虛，以有取無，若以鎰稱銖」。這是兵力最佳之佈局，在孫子等各家兵法都有如此論述，這幾乎是打勝仗的保證了！

不論任何時代的官場、職場，「分威」也在各陣營中，或明或暗的較勁展演，永不休止。那些不知潛藏實力，太早「把頭伸出來」，通常很快被「砍頭」（如伊拉克之海珊、利比亞之格達費），不可不察！

【原典五】

散勢（註一）法鷙鳥（註二）。散勢者，神之使也（註三）。用之（註四），必循間而動（註五）。威肅、內盛（註六），推間而行之，則勢散（註七）。夫散勢者，心虛志溢（註八）。

意失威勢（註九），精神不專，其言外而多變（註十）。故觀其志意為準數（註十一），乃以揣說圖事，盡圓方、齊長短（註十二）。無間（註十三）則不散勢；散勢者，待間而動（註十四），動而勢分矣（註十五）。

故善思間者（註十六），必內精五氣，外視虛實（註十七），動而不失分散之實（註十八）；動則隨其志意（註十九），知其計謀。勢者，利害之決（註二十），權變之威（註二一）。勢散者，不以神肅察也（註二二）。

註釋

註一 散勢：將氣勢舒展出去，即時間、空間的調節，讓力量展開。

註二 鷙鳥：兇猛的鳥，如鷹類。「散勢法鷙鳥」，古代兵法上常用的比喻，如《孫子兵法》〈兵勢篇第五〉，「鷙鳥之擊，至于毀折者，節也。」「節」，就是適度調度空間和時間，拉間距離，可以產生最大攻擊力道，毀其骨，折其翼也。鬼谷子所述和孫子所言，都是相同的基本原理。

註三 神之使也：意指，氣勢之舒展，由精神支配。

註四 用之：意說，要運用散勢的時候。

註五 循間而動：要有相當的空間、距離，才可以開始採取行動。

註六 威肅、內盛：威勢強大、內力強盛。

註七　推間而行之，則勢散：如果有相當的空間、距離，可以進行散勢之作為，那麼力量就可以施展出去了！

註八　夫散勢者，心虛志溢：懂得把氣勢施展出去的人，其心如虛空，可包容一切，也可憑其意志力決定一切。

註九　意失威勢：意志力失去威勢。

註十　言外而多變：表現於外的言語，反覆無常。

註十一　觀其志意為準數：考察對方意志力的度數。

註十二　齊長短：衡量長短優缺。

註十三　無間：沒有空間和距離。

註十四　待間而動：等待有相當可行的空間和距，才可以採取行動。

註十五　動而勢分矣：一旦採取行動，氣勢力道就會施展出去，即分散出去。

註十六　善思間者：善於發現對方漏洞的人。

註十七　內精五氣，外視虛實：對內要能精通五氣，對外要能洞察虛實。

註十八　動而不失分散之實：行動不會使力量分散。

註十九　動則隨其志意：行動之後，要跟蹤對方思路。

註二十　利害之決：決定利弊得失。

註二一　權變之威：用權力威脅，改變事情的結局。

註二二　不以神肅察也：不必再認真了，不值一述了！

要將自己的威勢舒展出去，要效法鷙鳥，評估自己的力量可以投射到多大的距離和空間，這是一個簡單的道理。但將這種道理擴張運用，如今之美帝將其霸權向全球「散勢」。而我們偉大的祖國、我心中的大中國也強大起來了，在習近平領導下開始將「王道」力量，也向全球「散勢」，這場中美爭戰我們一定大勝，形勢使然也！

人在職場「江湖」中，要把自己威勢（影響力）「散勢」出去，也不是容易的事。通常思緒安穩，謀劃周密，善用資源，意志堅定，精神專一，才能順利進行決斷。鬼谷子所言「散勢者，神之使也」「散勢者，心虛志溢」，精神和意志都是一個先決條件。

精神渙散，意志衰弱，即喪失了「散勢」的先決條件，結果就成了「勢散」，「勢散者，不以神肅察也。」一切都「結束」了。氣勢潰散了，鬼谷子說「別理他」，不中用的東西。

【原典六】

轉圓（註一）法猛獸。轉圓者，無窮之計（註二）也。無窮者，必有聖人之心（註三），以原不測之智（註四），以不測之智而通心術（註五），而神道混沌為一（註六），以變論萬類（註七），說義無窮（註八）。

智略計謀（註九），各有形容（註十），或圓或方，或陰或陽（註十一），或吉或凶（註十二），事類不同。故聖人懷此之用（註十三），轉圓而求其合（註十四）。故與造化者為始（註十五），動作無不包大道（註十六），以觀神明之域（註十七）。

天地無極，人事無窮（註十八），各以成其類（註十九）。見其計謀，必知其吉凶，成敗之所終也（註二十）。轉圓者，或轉而吉，或轉而凶。聖人以道先知存亡（註二一），乃知轉圓而從方（註二二）。

圓者，所以合語（註二三）；方者，所以錯事（註二四）；轉化者，所以觀計謀；接物者，所以觀進退之意（註二五）。皆見其會（註二六）。乃為要結（註二七），以接其說也（註二八）。

註釋

註一 轉圓：意指，高人的智慧如轉動中的圓珠，運轉自如，無始無終，永不休止，某些猛獸動作有此形像。

註二 計：計策。

註三 無窮者，必有聖人之心：意說，凡是可以產生無窮計策的人，就必定有聖人的不凡心智和廣闊胸懷。

註四 以原不測之智：施展深不可測的智慧。

註五 以不測之智而通心術：意說，有智慧的人，會運用其深不可測的智慧，與外界產生心靈交流而知外界一切事物之變化。

註六 神道混沌為一：神明與天道合一。

註七　以變論萬類：從萬事萬物變化、發展形成的規律性，可以論述並了解所有存在的各樣種類。

註八　說義無窮：詮釋宇宙無窮無盡的奧妙。

註九　智略計謀：智慧、韜略、奇計、謀劃。

註十　形容：形式和內容。

註十一　或陰或陽：或陰謀，或陽謀。

註十二　或吉或凶：意指，人所做出的選擇、決定，有可能出現吉祥的結果，也有可能出現不好的結果。

註十三　聖人懷此之用：聖人依據智謀的運用。

註十四　轉圓而求其合：意說，有智慧的人，可以使事情產生轉圓變化，趨吉避凶，以求得與自然天道相合。

註十五　故與造化者為始：從化育萬事萬物的人開始。

註十六　動作無不包大道：意說，有智慧的人，他的各種活動和一切作為，無不與大自然之天道規律相吻合。

註十七 以觀神明之域：此句可以有兩種解讀：觀察了解神明世的奧妙；觀察（內視、反思）自己的內心世界。

註十八 天地無極，人事無窮：天地廣大無邊，永遠都看不到邊界；人事的變化，也是無窮無盡，永無休止的。

註十九 各以成其類：所有一切存在的事情或物種，各按其變化、發展而形成的各種不同屬性，分為各種類別。

註二十 成敗之所終也：預知成敗結果。

註二一 聖人以道先知存亡：有智慧的人，知道去把握一切事物發展的規律性（道），所以能預測（先知）存亡之大事。

註二二 乃知轉圓而從方：轉圓從方，以求安定。

註二三 圓者，所以合語：所謂「圓」，必須先要在語言表達上，圓融而有迴轉的空間。

註二四 方者，所以錯事：所謂「方」，是對事物的安置，使其到達一個適當、安全的定位。錯，通措，措事也。

註二五 所以觀進退之意：考察進退的想法。

註二六　皆見其會：意指，前述圓、方、轉化、接物四者，要深入融會貫通，了解其深意，才可以達到盡善盡美的運用。

註二七　乃為要結：歸納出要點來做結論。

註二八　以接其說也：接續闡揚聖人的學說。

轉圓，表示行動迅速、自由，也象徵一股不會停滯的生猛動力，所以叫「轉圓法猛獸」。由於圓形物運動自如，所以古代兵家常用「圓形」形容兵力運用，如《孫子兵法》〈兵勢篇〉第五，「渾渾沌沌，形圓，而不可敗也。……故善戰人之勢，如轉圓石于千仞之山者，勢也。」因為圓形運動產生的「勢」，有了強大的力量，此孫子和鬼谷子所述原理相同。

惟鬼谷子的「轉圓」說，置重點於政治鬥爭和人際競爭，且從哲學思想的高度，闡述轉圓在「智略計謀」的運動關係。最後歸納出「圓、方、轉化、接物」四者，應該要融會貫通，才知道為何「轉圓者，無窮之計也」！

所謂「轉圓法猛獸」另一暗示，是指「時機」的把握，猛獸撲食必須量好時機，才能吃一頓鮮美的肉，得以生存下去。人想要成就一點事業，同樣在很多方面要審時度勢，見機行事，切忌優柔寡斷，猶豫不決。

所謂「機會是留給準備好的人」，此千真萬確。平時都完成了，「以原不測之智，以不測之智而通心術……以觀神明之域。」機會來臨時，快速決策，迅速「捕捉」；否則，再周密的計畫，也是徒勞無功的。

在生活中，我們看到最可憐的事，莫過於那些什麼事都猶豫不決，遇事舉棋不定，做事總是三心二意。這樣的人難以得到他人的信任。這就注定一輩子啥事也做不成，最終被人所摒棄。

【原典七】

損益法靈著（註一）。損益（註二）者，機危（註三）之決（註四）也。事有適然（註五），物有成敗（註六）。機危之動（註七），不可不察。故聖人以無為待有德（註八），言察辭合於事（註九）。

益者，知之也（註十）。損者，行之也（註十一）。損之說之（註十二），物有不可者（註十三），聖人不為辭也（註十四）。故智者不以言失人之言（註十五）。故辭不煩（註十六）而心不虛（註十七），志不亂而意不邪。

當其難易（註十八），而後為之謀，自然之道以為實（註十九）。圓者不行（註二十），方者不止（註二一），是謂「大功」。益之損之，皆為之辭（註二二）。用分威（註二三）散勢（註二四）之權（註二五），以見其益威其機危（註二六），乃為之決。故善損益者（註二七），譬若決水於千仞之堤，轉圓石於萬仞（註二八）之溪。而能行此者，形勢不得不然也。

註釋

註一　靈蓍：蓍，音師，多年生草本，菊科，古人常取其莖作占卜之用。

註二　損益：在目前有關《鬼谷子》各版本中，有作「損兑」，有作「損益」，本書採後者，似較合於原意。

註三　機危：同機微，指細微的徵兆。

註四　決：判斷、決定。

註五　事有適然：意指，事情沒有永遠的對錯，有些事情，在某種時空背景之下，會變得適宜，合於現實環境。

註六　物有成敗：事情總會有成敗，意指有些事情變數是不太容易掌控的，會有意外。

註七　動：變化。

註八　聖人以無為待有德：意指，聖人以無為之治對待有為之治；或可解讀，有智慧的人，以無為對待有道德情操的人。

註九　言察辭合於事：意說，有智慧的人，其一言一行都合乎事物變化發展的規律；或解讀，觀察對方說話詞句，核對他所做的事，是否言行合一！

註十　益者，知之也：所謂「益」，是用心觀察外物，加深認識，增長知識。

註十一　損者，行之也：所謂「損」，是面對事情變化發展，要對不利因素進行排除，再以堅定的決心去執行。

註十二　損之說之：權衡事宜，進行解說。

註十三　物有不可者：事情處理仍不順利。

註十四　不為辭：不加辯解。

註十五　智者不以言失人之言：有智慧的人，不會用自己的言論，對他人言論進行排斥。

註十六　辭不煩：用辭簡單，避免煩瑣。

註十七　心不虛：心中充滿信心，或解心無雜念。

註十八　當其難易：碰到事情，把握其難易程度；或意指，事情碰到困難或容易的時候。

註十九　自然之道以為實：順應事物客觀發展規律，這是根本之法則。

註二十　圓者不行：意指，刻意施展巧妙的計謀，使圓形物也不轉動了；或解為，屬「圓」的計謀不進行。

註二一　方者不止：意指，巧妙施展某種計謀，使得方形物也不會停止；或另可解為，屬「方」的計謀不停止。

註二二　皆為之辭：言之成理。

註二三　分威：同原典四。

註二四　散勢：同原典五。

註二五　權：權宜、方法。

註二六　見其益威其機危：意說，不論進行「分威」或「散勢」時，當威力增加的時候，應注意也有危機產生。

註二七　善損益者：善於掌握損益變化的人。

註二八　仞：古代八尺為一仞。千仞、萬仞，形容極高極深。古代兵法形容強大的形勢，如《孫子兵法》〈軍形篇〉第四，「勝者之戰，若決積水于千仞之谿者，形也。」鬼谷子言，「譬若決水於千仞之堤，轉圓石於萬仞之溪。」二位聖者所述，語意均同，都在講如何創造出「絕對優勢」，使「形勢比人強」！

本文主旨在指出觀察分析問題的原則，「損益」是一種微妙的觀察判斷，就是最細微的變化也能精確捕捉。進而「從一朵花看天堂，從一粒砂看世界」，這種智慧不是人人可得，而是必須苦思、修煉，乃有所得！

修煉自己達到「心無雜念、心神專一」，這是對事物細微變化，能夠精確把握觀察、分析，必須俱備的條件（能力）。萬事萬物都有成敗，也有意外機率等，之間存在必然的變化，不可不察！

鬼谷子在「損益」的觀察、分析，再度引用「分威」和「散勢」的權宜之用。若能配合這些基本原理，就可成為「善損益者」，「譬如決水於千仞之堤，轉圓石於萬仞之溪」，形成一種「絕對優勢」，形勢不得不然也。

觀察一個人，乃至上級領導觀察下級幹部，也要從平時生活的「損益」細微處，去識別和發現，才能得到真相。因為，在公開的工作場合的形像，通常有所「化妝、粉飾、隱瞞」，而在平時生活不經意的細微處，必顯示出他的「本來面目」。

因此，身為一個領導者，必須成為「善損益者」，從外到內去認識人的本質。只有加強自己觀察、分析、判斷的能力，才能取得競爭優勢，創造「形勢比人強」的局面。

陳福成著作全編總目

壹、兩岸關係

①決戰閏八月
②防衛大台灣
③解開兩岸十大弔詭
④大陸政策與兩岸關係

貳、國家安全

⑤國家安全與情治機關的弔詭
⑥國家安全與戰略關係
⑦國家安全論壇。

參、中國學四部曲

⑧中國歷代戰爭新詮
⑨中國近代黨派發展研究新詮
⑩中國政治思想新詮
⑪中國四大兵法家新詮：孫子、吳起、孫臏、孔明

肆、歷史、人類、文化、宗教、會黨

⑫神劍與屠刀
⑬中國神譜
⑭天帝教的中華文化意涵
⑮奴婢妾匪到革命家之路：復興廣播電台謝雪紅訪講錄
⑯洪門、青幫與哥老會研究

伍、詩〈現代詩、傳統詩〉、文學

⑰幻夢花開一江山
⑱赤縣行腳・神州心旅
⑲「外公」與「外婆」的詩
⑳尋找一座山
㉑春秋記實
㉒性情世界
㉓春秋詩選
㉔八方風雲性情世界
㉕古晟的誕生
㉖把腳印典藏在雲端
㉗從魯迅文學醫人魂救國魂說起
㉘六十後詩雜記詩集

陸、現代詩（詩人、詩社）研究

㉙三月詩會研究
㉚我們的春秋大業：三月詩會二十年別集
㉛中國當代平民詩人王學忠
㉜讀詩稗記
㉝嚴謹與浪漫之間
㉞一信詩學研究：解剖一隻九頭詩鵠
㉟囚徒
㊱胡爾泰現代詩臆說
㊲王學忠籲天詩錄

柒、春秋典型人物研究、遊記

㊳山西芮城劉焦智「鳳梅人」報研究
㊴在「鳳梅人」小橋上
㊵我所知道的孫大公

41 為中華民族的生存發展進百書疏
42 金秋六人行
43 漸凍勇士陳宏

捌、小說、翻譯小說

44 迷情・奇謀・輪迴、
45 愛倫坡恐怖推理小說

玖、散文、論文、雜記、詩遊記、人生小品

46 一個軍校生的台大閒情
47 古道・秋風・瘦筆
48 頓悟學習
49 春秋正義
50 公主與王子的夢幻、
51 洄游的鮭魚
52 男人和女人的情話真話
53 台灣邊陲之美
54 最自在的彩霞
55 梁又平事件後

拾、回憶錄體

56 五十不惑
57 我的革命檔案
58 台大教官興衰錄
59 迷航記、
60 最後一代書寫的身影
61 我這輩子幹了什麼好事
62 那些年我們是這樣寫情書的
63 那些年我們是這樣談戀愛的
64 台灣大學退休人員聯誼會第九屆理事長記實

拾壹、兵學、戰爭

65 孫子實戰經驗研究
66 第四波戰爭開山鼻祖賓拉登

拾貳、政治研究

67 政治學方法論概說
68 西洋政治思想史概述
69 中國全民民主統一會北京行
70 尋找理想國：中國式民主政治研究要綱

拾參、中國命運、喚醒國魂

71 大浩劫後：日本 311 天譴說日本問題的終極處理
72 台大逸仙學會

拾肆、地方誌、地區研究

73 台北公館台大地區考古・導覽
74 台中開發史
75 台北的前世今生
76 台北公館地區開發史

拾伍、其他

77 英文單字研究
78 與君賞玩天地寬（文友評論）
79 非常傳銷學
80 新領導與管理實務

2015 年 9 月後新著

編號	書　　　　名	出版社	出版時間	定價	字數(萬)	內容性質
81	一隻菜鳥的學佛初認識	文史哲	2015.09	460	12	學佛心得
82	海青青的天空	文史哲	2015.09	250	6	現代詩評
83	為播詩種與莊雲惠詩作初探	文史哲	2015.11	280	5	童詩、現代詩評
84	世界洪門歷史文化協會論壇	文史哲	2016.01	280	6	洪門活動紀錄
85	三搞統一：解剖共產黨、國民黨、民進黨怎樣搞統一	文史哲	2016.03	420	13	政治、統一
86	緣來艱辛非尋常－賞讀范揚松仿古體詩稿	文史哲	2016.04	400	9	詩、文學
87	大兵法家范蠡研究－商聖財神陶朱公傳奇	文史哲	2016.06	280	8	范蠡研究
88	典藏斷滅的文明：最後一代書寫身影的告別紀念	文史哲	2016.08	450	8	各種手稿
89	葉莎現代詩研究欣賞：靈山一朵花的美感	文史哲	2016.08	220	6	現代詩評
90	臺灣大學退休人員聯誼會第十屆理事長實記暨 2015～2016 重要事件簿	文史哲	2016.04	400	8	日記
91	我與當代中國大學圖書館的因緣	文史哲	2017.04	300	5	紀念狀
92	廣西參訪遊記（編著）	文史哲	2016.10	300	6	詩、遊記
93	中國鄉土詩人金土作品研究	文史哲	2017.12	420	11	文學研究
94	暇豫翻翻《揚子江》詩刊：蟾蜍山麓讀書瑣記	文史哲	2018.02	320	7	文學研究
95	我讀上海《海上詩刊》：中國歷史園林豫園詩話瑣記	文史哲	2018.03	320	6	文學研究
96	天帝教第二人間使命：上帝加持中國統一之努力	文史哲	2018.03	460	13	宗教
97	范蠡致富研究與學習：商聖財神之實務與操作	文史哲	2018.06	280	8	文學研究
98	光陰簡史：我的影像回憶錄現代詩集	文史哲	2018.07	360	6	詩、文學
99	光陰考古學：失落圖像考古現代詩集	文史哲	2018.08	460	7	詩、文學
100	鄭雅文現代詩之佛法衍繹	文史哲	2018.08	240	6	文學研究
101	林錫嘉現代詩賞析	文史哲	2018.08	420	10	文學研究
102	現代田園詩人許其正作品研析	文史哲	2018.08	520	12	文學研究
103	莫渝現代詩賞析	文史哲	2018.08	320	7	文學研究
104	陳寧貴現代詩研究	文史哲	2018.08	380	9	文學研究
105	曾美霞現代詩研析	文史哲	2018.08	360	7	文學研究
106	劉正偉現代詩賞析	文史哲	2018.08	400	9	文學研究
107	陳福成著作述評：他的寫作人生	文史哲	2018.08	420	9	文學研究
108	舉起文化使命的火把：彭正雄出版及交流一甲子	文史哲	2018.08	480	9	文學研究

109	我讀北京《黃埔》雜誌的筆記	文史哲	2018.10	400	9	文學研究
110	北京天津廊坊參訪紀實	文史哲	2019.12	420	8	遊記
111	觀自在綠蒂詩話：無住生詩的漂泊詩人	文史哲	2019.12	420	14	文學研究
112	中國詩歌墾拓者海青青：《牡丹園》和《中原歌壇》	文史哲	2020.06	580	6	詩、文學
113	走過這一世的證據：影像回顧現代詩集	文史哲	2020.06	580	6	詩、文學
114	這一是我們同路的證據：影像回顧現代詩題集	文史哲	2020.06	540	6	詩、文學
115	感動世界：感動三界故事詩集	文史哲	2020.06	360	4	詩、文學
116	印加最後的獨白：蟾蜍山萬盛草齋詩稿	文史哲	2020.06	400	5	詩、文學
117	台大遺境：失落圖像現代詩題集	文史哲	2020.09	580	6	詩、文學
118	中國鄉土詩人金土作品研究反響選集	文史哲	2020.10	360	4	詩、文學
119	夢幻泡影：金剛人生現代詩經	文史哲	2020.11	580	6	詩、文學
120	范蠡完勝三十六計：智謀之理論與全方位實務操作	文史哲	2020.11	880	39	戰略研究
121	我與當代中國大學圖書館的因緣（三）	文史哲	2021.01	580	6	詩、文學
122	這一世我們乘佛法行過神州大地：生身中國人的難得與光榮史詩	文史哲	2021.03	580	6	詩、文學
123	地瓜最後的獨白：陳福成長詩集	文史哲	2021.05	240	3	詩、文學
124	甘薯史記：陳福成超時空傳奇長詩劇	文史哲	2021.07	320	3	詩、文學
125	芋頭史記：陳福成科幻歷史傳奇長詩劇	文史哲	2021.08	350	3	詩、文學
126	這一世只做好一件事：為中華民族留下一筆文化公共財	文史哲	2021.09	380	6	人生記事
127	龍族魂：陳福成籲天錄詩集	文史哲	2021.09	380	6	詩、文學
128	歷史與真相	文史哲	2021.09	320	6	歷史反省
129	蔣毛最後的邂逅：陳福成中方夜譚春秋	文史哲	2021.10	300	6	科幻小說
130	大航海家鄭和：人類史上最早的慈航圖證	文史哲	2021.10	300	5	歷史
131	欣賞亞媺現代詩：懷念丁穎中國心	文史哲	2021.11	440	5	詩、文學
132	向明等八家詩讀後：被《食餘飲後集》電到	文史哲	2021.11	420	7	詩、文學
133	陳福成二〇二一年短詩集：躲進蓮藕孔洞內乘涼	文史哲	2021.12	380	3	詩、文學
134	中國新詩百年名家作品欣賞	文史哲	2022.01	460	8	新詩欣賞
135	流浪在神州邊陲的詩魂：台灣新詩人詩刊詩社	文史哲	2022.02	420	6	新詩欣賞
136	漂泊在神州邊陲的詩魂：台灣新詩人詩刊詩社	文史哲	2022.04	460	8	新詩欣賞
137	陸官 44 期福心會：暨一些黃埔情緣記事	文史哲	2022.05	320	4	人生記事
138	我躲進蓮藕孔洞內乘涼–2021 到 2022 的心情詩集	文史哲	2022.05	340	2	詩、文學
139	陳福成 70 自編年表：所見所做所寫事件簿	文史哲	2022.05	400	8	傳記
140	我的祖國行腳詩鈔：陳福成 70 歲紀念詩集	文史哲	2022.05	380	3	新詩欣賞

141	日本將不復存在：天譴一個民族	文史哲	2022.06	240	4	歷史研究
142	一個中國平民詩人的天命：王學忠詩的社會關懷	文史哲	2022.07	280	4	新詩欣賞
143	武經七書新註：中國文明文化富國強兵精要	文史哲	2022.08	540	16	兵書新注
144	明朗健康中國：台客現代詩賞析	文史哲	2022.09	440	8	新詩欣賞
145	進出一本改變你腦袋的詩集：許其正《一定》釋放核能量	文史哲	2022.09	300	4	新詩欣賞
146	進出吳明興的詩：找尋一個居士的圓融嘉境	文史哲	2022.10	280	5	新詩欣賞
147	進出方飛白的詩與畫：阿拉伯風韻與愛情	文史哲	2022.10	440	7	新詩欣賞
148	孫臏兵法註：山東臨沂銀雀山漢墓竹簡	文史哲	2022.12	280	4	兵書新注
149	鬼谷子新註	文史哲	2022.12	300	6	兵書新注

陳福成國防通識課程著編及其他作品

（各級學校教科書及其他）

編號	書　名	出版社	教育部審定
1	國家安全概論（大學院校用）	幼　獅	民國 86 年
2	國家安全概述（高中職、專科用）	幼　獅	民國 86 年
3	國家安全概論（台灣大學專用書）	台　大	（臺大不送審）
4	軍事研究（大專院校用）（註一）	全　華	民國 95 年
5	國防通識（第一冊、高中學生用）（註二）	龍　騰	民國 94 年課程要綱
6	國防通識（第二冊、高中學生用）	龍　騰	同
7	國防通識（第三冊、高中學生用）	龍　騰	同
8	國防通識（第四冊、高中學生用）	龍　騰	同
9	國防通識（第一冊、教師專用）	龍　騰	同
10	國防通識（第二冊、教師專用）	龍　騰	同
11	國防通識（第三冊、教師專用）	龍　騰	同
12	國防通識（第四冊、教師專用）	龍　騰	同

註一　羅慶生、許競任、廖德智、秦昱華、陳福成合著，《軍事戰史》（臺北：全華圖書股份有限公司，二〇〇八年）。

註二　《國防通識》，學生課本四冊，教師專用四冊。由陳福成、李文師、李景素、頊臺民、陳國慶合著，陳福成也負責擔任主編。八冊全由龍騰文化事業股份有限公司出版。